샘 올트먼, 더 비전 2030

샘 올트먼, 더 비전 2030

초판 1쇄 발행 2025년 6월 27일
초판 2쇄 발행 2025년 8월 5일

지은이 이재훈

펴낸이 조기흠
총괄 이수동 / **책임편집** 최진 / **기획편집** 박의성, 유지윤, 이지은
마케팅 박태규, 임은희, 김예인, 김선영 / **제작** 박성우, 김정우
교정교열 정이립 / **디자인** 이슬기

펴낸곳 한빛비즈(주) / **주소** 서울시 서대문구 연희로2길 62 4층
전화 02-325-5506 / **팩스** 02-326-1566
등록 2008년 1월 14일 제 25100-2017-000062호

ISBN 979-11-5784-817-1 03320

이 책에 대한 의견이나 오탈자 및 잘못된 내용은 출판사 홈페이지나 아래 이메일로 알려주십시오.
파본은 구매처에서 교환하실 수 있습니다. 책값은 뒤표지에 표시되어 있습니다.

hanbitbiz.com hanbitbiz@hanbit.co.kr facebook.com/hanbitbiz
blog.naver.com/hanbit_biz youtube.com/한빛비즈 instagram.com/hanbitbiz

Published by Hanbit Biz, Inc. Printed in Korea

AI부터 생명공학까지, 오픈AI가 설계하는 미래

SAM ALTMAN VISION 2030

이재훈 지음

샘 올트먼, 더 비전 2030

한빛비즈
Hanbit Biz, Inc

들어가며

인류의 운명에 대한 도전

2022년 11월 30일, 한 인공지능AI 챗봇이 공개되었다. 역사적 순간이 종종 그렇듯, 당시만 해도 그날이 인류의 기술사에 중대한 전환점이 될 것이라 예측한 사람은 많지 않았다. 심지어 이를 출시한 오픈AIOpenAI 내부에서조차 말이다.

그러나 오픈AI에서 공개한 챗GPTChatGPT는 출시 단 5일 만에 사용자 수 100만 명을 돌파했고, 두 달 만에 그 수는 1억 명에 도달했다. 이는 당시까지 집계된 글로벌 서비스 중 가장 빠른 기록이었다. 비교 대상을 살펴보면 그 의미가 더욱 선명해진다. 당시 순위를 지키고 있던 대부분의 서비스들은 틱톡(9개월), 위챗(1년 2개월), 인스타그램(2년 6개월)처럼 대중적으로 인기를 끄는 소셜미디어였다. 이런 맥락에서 보건대 챗GPT의 기록은 단순한 '성공'이 아닌 '현상'이라 부를 만했다.

챗GPT는 단순한 AI 챗봇을 넘어, 인간의 언어를 깊이 이해하고 자연스럽게 소통하는 새로운 시대의 시작을 알렸다. 이를 계기로 많은 사람들은 AI가 더 이상 특정 분야에 사용이 국한된 보조 도구가 아니라, 우리의 사고방식과 일상을 근본적으로 변화시킬 존재라는 사실을 체감하게 되었다. 감히 예상컨대 가까운 미래의 교과서에서는 2022년 11월 30일을 글로벌 테크 산업의 역사적 전환점으로 기록할 것이다.

이 혁신의 중심에는 샘 올트먼Sam Altman이 있다. 1985년 시카고에서 태어나 여덟 살 때부터 코딩을 시작한 그는, 스탠퍼드대학교를 중퇴한 뒤 19세라는 어린 나이에 첫 스타트업 루프트Loopt를 창업하며 일찍이 기업가적 재능을 드러냈다. 이후 세계 최고 수준의 스타트업 액셀러레이터인 와이 콤비네이터Y Combinator(이하 YC)의 회장으로서 에어비앤비Airbnb, 드롭박스Dropbox, 스트라이프Stripe 등 수많은 혁신 기업을 발굴하고 육성하며 "스타트업이 세상을 바꾼다"라는 명제를 실천으로 증명해왔다.

그랬던 그가 오픈AI의 CEO로서 직접 경영에 나섰다는 사실은 이 기업이 지닌 잠재력과 중요성을 단적으로 보여준다. 오픈AI가 단순한 기술 회사에 머무는 것이 아니라 인류의 미래를 좌우할 플랫폼이라는 확신이 있기에 내린 결단이었다.

샘 올트먼이 그리는 궁극적인 비전은 무엇일까? 오픈AI를 나스닥 시가총액 1위로 끌어올려 세계 최고 부자가 되는 일? 그러나 그는 오픈AI의 지분조차 가지고 있지 않다. 그게 아니라면 AI 기술에 대한 순수한 정복욕? 이 가설 역시 그의 다양한 투자 포트폴리오와 경영자적 면모를 설명하기엔 너무 단순하다.

샘 올트먼의 시선은 훨씬 더 멀고 깊은 곳을 향해 있다. 그의 진짜 목표는 단순히 기업의 성공이나 특정 기술의 발전이 아니다. 그는 기술을 통해 인류 문명의 작동 원리를 근본부터 재설계하고자 한다. 바로 이 지점에서 차이가 생겨난다.

덴마크의 두 학자, 데니스 뇌르마르크Dennis Nørmark와 아네르스 포그 옌센Anders Fogh Jensen은 《가짜 노동Pseudowork》에서 "인류는 이미 더 적게 일하면서도 더 풍요롭게 살 수 있는 기술을 가지고 있다"라고 말했다. 그러나 문제는 기술 자체가 아니다. 오랜 시간 축적된 노동의 관성, 그리고 '일하지 않으면 불안해지는 사회적 심리'가 변화를 가로막고 있다.

이 한계를 뛰어넘기 위해서는 챗GPT와 같은, 아니 그보다 더 큰 충격적인 혁신이 필요하다. 이것이 바로 샘 올트먼이 오픈AI의 CEO로 재직하면서도 여전히 다양한 분야에 관심을 두고 적극적으로 투자하는 근본적인 이유다.

샘 올트먼의 비전은 단순한 기술 혁신의 범주를 넘어선다. 그가 그리는 미래 청사진에서 AI는 인간의 지적 노동을 대체하고, 로봇은 육체 노동을 대신하며, 핵융합 에너지는 무한한 에너지를 제공한다. 여기에 기본소득 제도를 결합해 기술 발전이 초래할 경제적 불평등을 완화하고, 생명 연장 기술을 통해 인간 수명의 한계를 넘어서려 한다.

이 모든 것이 언뜻 공상과학 소설이나 먼 미래의 이야기처럼 들릴

지도 모르겠다. 그러나 샘 올트먼은 이 모든 영역에 실제로 수십억 달러를 투자하고 직접 참여하며 기술과 인류의 공존 방식을 새로 설계하고 있다. 이것이 바로 샘 올트먼을 '비전가Visionary'라 칭하는 이유다.

나는 테크 칼럼니스트로서 그동안 수많은 기업가와 그들이 만들어가는 기술 생태계를 주시해왔다. 그러나 올트먼만큼 강렬한 인상을 남긴 인물은 드물었다. 그의 투자 철학과 경영 방식을 처음 접했을 때 단순한 성공 추구를 넘어서는, 뭔가 더 큰 그림을 그리고 있다는 직감이 들었다. 대부분의 기업가가 한 분야에 집중하는 반면, 그는 지금도 AI부터 핵융합, 생명과학에 이르기까지 인류 문명의 구조 자체를 다시 설계하는 데 집중하고 있다. 이는 단순한 사업의 다각화 전략이 아니다. 기술이 인간의 삶을 어떻게 변화시킬지를 통합적으로 사고하는 하나의 '철학적 기획'이다.

그런 면에서 이 책은 한 천재 사업가의 일대기를 넘어서, 인류 문명의 다음 챕터를 열어가는 이야기라 할 수 있다. 그가 그리는 미래는 독자에 따라 찬란한 유토피아처럼 들릴 수도, 혹은 우려스러운 디스토피아처럼 느껴질 수도 있다. 하지만 분명한 사실은 그가 꿈꾸는 미래가 이미 우리의 현실 속으로 빠르게 다가오고 있다는 점이다. 더 늦기 전에 이 거대한 변화의 물결을 제대로 이해하고 대비해야 한다. 이 책이 그 여정의 시작이 될 것이다.

차 례

#오픈AI #인류 #대안

SAM ALTMAN, THE VISION 2030

Chapter 1

오픈AI의 선언

모든 인류에게 이익을

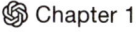

"우리의 목표는 AI가 모든 인류에게 이롭도록 하는 것입니다."

일반적으로 창업을 할 때 가장 먼저 하는 일은 시장 조사다. 목표로 하는 핵심 고객층은 누구인지, 어떤 제품을 만들 것인지, 사업 영역을 국내로 한정할 것인지 혹은 글로벌 시장으로 확장할 것인지 등을 면밀히 검토한다. 이는 초기 투자금과 예상 수익을 산출하는 데 필수적인 과정이다. 더 나아가 TAM Total Addressable Market(전체 시장), SAM Serviceable Addressable Market(유효 시장), SOM Serviceable Obtainable Market(점유 가능 시장) 규모까지 철저하게 분석해야 실패 확률을 줄일 수 있다.

그러나 오픈AI는 이런 일반적인 접근법을 택하지 않았다. 그들이 설정한 대상은 특정 국가나 계층이 아닌 '모든 인류'였다. 누군가는 비현실적인 목표라고 지적할지 모르지만, 샘 올트먼은 이 거대한 목표를 실제로 이룰 수 있다고 믿는다. 그리고 이를 증명하기 위한 첫걸음으로 챗GPT를 세상에 내놓았다.

사실 챗GPT는 전통적인 의미의 '정식 서비스 출시작'이 아니었다. 화려한 광고나 대대적인 마케팅이 없었던 이유도 이 때문이다. 오픈AI의 본래 의도는 대중에게 완성된 제품을 선보이기보다, 사용자들의 자발적인 사용과 피드백을 통해 모델을 개선해나가는 데 있었다.

이러한 접근 방식은 오픈AI가 줄곧 유지해온 전략이기도 하다. 연구 결과물을 대중에 공개하고 실제 사용자의 반응을 기반으로 기술을 더욱 빠르게 진화시키는 방식이 그들의 핵심 철학이었다. 챗GPT 역시 그 연장선에 있었던 것이다. 당시 오픈AI 내부에서는 사용자가 아무리 많아야 10만 명 정도일 거라 예상했다고 한다. 심지어 일부 직원들은 출시가 된 줄도 모르는 상태였다.

그렇다면 이 조용한 실험이 어떻게 단숨에 전 세계 수억 명의 사용자를 끌어모으는 성공으로 이어졌을까? 여러 요인이 있겠지만 핵심은 바로 '직관적인 사용성'에 있다. 아무리 성능이 좋다고 한들 일반 사용자가 쉽게 다가갈 수 없다면 대중적 확산은 불가능했을 것이다.

챗GPT의 인터페이스는 마치 구글 검색창을 연상시킨다. 오직 텍스트 입력창 하나만 존재하는 단순한 디자인. 그러나 이 단순함은 역설적으로 타이핑만 가능하다면 누구나 쉽게 사용할 수 있다는 의미이기

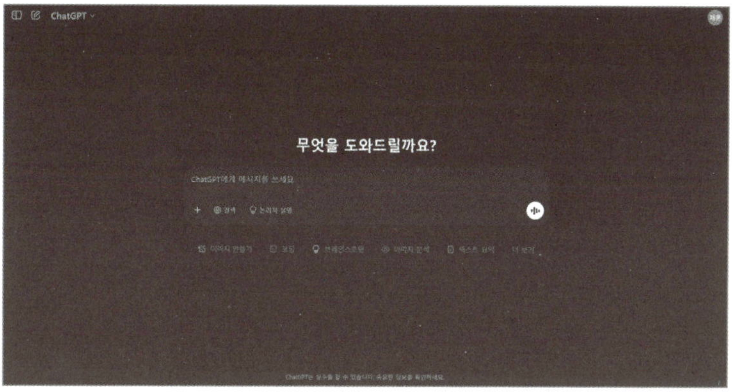

텍스트 입력창만 존재하는 챗GPT 초기 화면(출처: 챗GPT)

도 하다. 또 최근에는 다양한 유형의 데이터를 처리하는 멀티모달Multi Modal 기능의 발전으로 음성 기반 대화까지 가능해지면서 타이핑조차 필요 없는 수준에 이르렀다.

이처럼 쉽고 직관적인 사용법은 AI를 낯설고 먼 존재가 아닌, 누구나 손쉽게 활용할 수 있는 친숙한 도구로 바꿔놓았다. 누군가는 수학적 계산을 위해, 누군가는 글쓰기를 위해, 또 다른 누군가는 단순히 대화 상대가 필요해서 챗GPT를 찾는다. 저마다 사용 목적은 달라도 모두가 동일한 '텍스트 입력창' 하나로 AI와 연결된다는 점이 핵심이다. 이는 오픈AI가 내세운 "AI로 모든 인류를 이롭게 한다"는 비전이 단순한 구호를 넘어서 점차 현실이 되어가고 있음을 보여주는 대목이다.

챗GPT가 단 두 달 만에 1억 명의 사용자를 확보했다는 사실은 이것이 특정 계층이나 집단을 넘어 폭넓은 대중의 관심을 받았음을 방증한다. 이 과정에서 사용자들은 AI에게 어떻게 질문하고 지시하느냐에 따라 결과물이 극적으로 달라진다는 점을 발견했다. 이는 곧 '프롬프트 엔지니어링Prompt engineering'이라는 새로운 역량에 대한 관심으로 이어졌다. 특히 프롬프트를 효과적으로 설계하는 사람들은 '프롬프트 엔지니어'라 불리는데, 한때 억대 연봉을 제시하는 채용 공고까지 등장한 바 있다.

그러나 이러한 열풍은 1년도 채 지나지 않아 빠르게 식었다. 여기에는 명확한 이유가 있다. AI 모델 자체가 사용자의 의도를 더 정확히 파악하고 자연스러운 명령을 이해하는 방향으로 진화함에 따라, 복잡하고 특수한 프롬프트 기술 없이도 누구나 생성형 AI를 효과적으로 활용할 수 있게 된 것이다.

물론 엑셀과 같은 소프트웨어를 능숙하게 다루기 위해 일정 수준의 학습이 필요하듯, AI를 제대로 활용하려면 기본적인 이해와 실습 과정을 거쳐야 한다. 그러나 이제는 복잡한 명령어 구문보다 창의적인 아이디어와 명확한 목적 설정이 훨씬 더 가치를 가지며, 프롬프트의 기술적 정교함보다 사용자의 의도와 상상력이 결과물의 질을 좌우하는 시대가 열리고 있다.

이러한 변화 방향 역시 '모든 인류에게 이로운 AI'를 지향하는 오픈AI의 근본적인 비전과 궤를 같이한다. 기술은 기존의 진입장벽을 점점 더 낮추며 다양한 배경을 가진 사람들에게 폭넓게 다가가고 있다. AI가 더 이상 전문가만의 도구가 아닌, 모든 사람이 일상에서 활용할 수 있는 보편적 도구로 자리 잡아가고 있는 것이다.

그렇다면 실제로 AI 기술이 인류를 이롭게 하고 있을까?

2024년 시장조사기관 IDC가 발표한 〈5가지 트렌드로 보는 AI의 기회와 가능성2024 AI opportunity study: Top five AI trends to watch〉에 따르면, 생성형 AI 기술 사용률은 2023년 55퍼센트에서 2024년 75퍼센트로 크게 증가했다. 특히 기업들은 생성형 AI에 투자한 1달러당 평균 3.7배의 투자수익률ROI을 거두고 있으며, 일부 선도 기업의 경우 최대 10.3배에 이르는 ROI를 달성하고 있는 것으로 나타났다. 이는 AI가 단순한 유행을 넘어 경제적 가치 측면에서도 실질적인 효과를 내고 있음을 입증한다.

이러한 경제적 효과는 개인 생산성 차원에서도 명확히 관찰되고 있다. 프린스턴대학교와 매사추세츠공과대학MIT이 공동으로 수행한 연구는 생성형 AI가 개발자 생산성에 미치는 영향을 실증적으로 보여준다. 마이크로소프트Microsoft, 액센츄어Accenture 등 미국 경제전문지

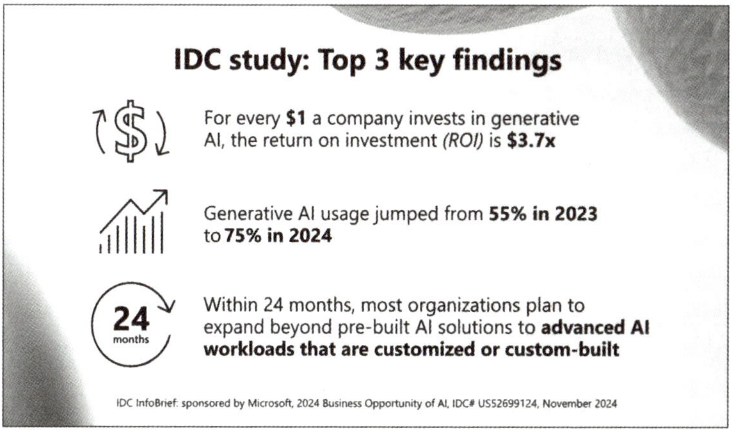

생성형 AI의 도입 효과(출처: Microsoft blog)

《포춘Fortune》이 선정한 100대 기업 소속의 개발자 4,876명을 대상으로 3가지 무작위 대조 실험을 진행한 결과, 생성형 AI 도구를 사용할 경우 개발자의 작업량이 26.08퍼센트 증가한 것으로 나타났다(표준오차 10.3퍼센트). 특히 경력이 적은 초급 개발자일수록 AI 도구의 활용도와 생산성 향상 효과가 더욱 두드러졌다. 이는 AI가 기존의 전문성 격차를 줄이고 좀 더 공정한 기회를 제공할 가능성을 시사한다.

지금까지 확인된 이러한 성과만으로도 충분히 대단해 보이지만, 오픈AI가 설정한 궁극적 목표에 비추어보면 이것도 여전히 걸음마 단계에 불과하다. 오픈AI는 '범용인공지능Artificial General Intelligence, AGI'이 등장할 때 비로소 그들의 비전이 완성될 것이라 믿는다.

AGI란 특정 분야에 국한되지 않고, 인간처럼 폭넓고 유연하게 사고하고 학습하며 문제를 해결할 수 있는 인공지능을 의미한다. 단순히 언어를 이해하고 대답하는 수준을 넘어 복합적인 추론을 수행하고, 새로운 지식을 스스로 생성하며, 여러 분야에 걸쳐 능동적으로 응용할 수 있어야 한다. 즉, 인간 수준의 일반지능을 갖춘 AI가 AGI다.

그러나 AGI는 인류가 아직 도달해보지 못한 미지의 영역이다. 그렇기에 실제로 그 지점에 도달할 수 있을 것인지에 대해서도, 과연 도달했다고 판단할 만한 정확한 기준은 무엇인지에 대해서도 전문가들 사이에 다양한 해석과 견해가 공존한다. 그중에서 오픈AI는 AGI로 가기 위한 구체적인 로드맵을 5단계로 제시하고 있다.

오픈AI가 제시한 분류체계 중 1단계 챗봇Chatbots은 인간과 대화를 통해 상호작용하는 수준을 말하며, 2단계 추론자Reasoners는 인간 수준

OpenAI Imagines Our AI Future

Stages of Artificial Intelligence

Level 1	Chatbots, AI with conversational language
Level 2	Reasoners, human-level problem solving
Level 3	Agents, systems that can take actions
Level 4	Innovators, AI that can aid in invention
Level 5	Organizations, AI that can do the work of an organization

Source: Bloomberg reporting — Bloomberg

오픈AI가 정의한 AGI로 가는 5단계(출처: Bloomberg)

의 문제 해결 능력을 보유한 경우다. 오픈AI는 'o1' 'o3'와 같이 추론에 특화된 모델을 제시하면서 2단계에 근접한 모습을 보여주고 있다고 평가한다. 구글의 제미나이 2.5 프로Gemini 2.5 Pro와 중국의 딥시크 R1DeepSeek-R1 등 경쟁사들도 단순 언어 생성을 넘어 추론 능력을 강화하는 방향으로 발전해나가고 있다.

3단계 에이전트Agents는 이용자의 지시에 따라 복잡한 작업을 자율적으로 수행할 수 있는 단계로, 이는 2단계와 병렬적으로 개발되고 있다. 오픈AI가 최근에 공개한 '챗GPT 에이전트'가 대표적인 사례다. 물론 아직 초기 단계이고 결과물의 완성도는 다소 아쉽지만, 이 에이전트는 실제로 인터넷과 능동적으로 상호작용하고, 사용자의 앱에 접근해 요청한 작업을 스스로 완수해내고 있다.

4단계 혁신가Innovators는 단순히 기존 지식을 활용하는 수준을 넘어 새로운 혁신과 창의적 해결책을 스스로 제시할 수 있는 수준을 의미하며, 마지막 5단계 조직Organizations은 전체 조직 차원의 복잡한 업무를 자율적으로 수행할 수 있는 수준을 의미한다.

샘 올트먼은 현재의 기술 발전 속도를 고려할 때 10년 내에 AGI에 도달할 수 있을 것이라 주장하고 있다.

AGI가 실현된다면 앞서 살펴본 생산성 향상과 같은 연구 결과들의 수치가 더욱 극적으로 개선되는 것은 물론, 지금까지 인류가 풀지 못했던 난제를 해결하는 데에도 실마리를 제공할 것으로 기대된다. 특히 다음과 같은 분야에서 그 가능성은 더욱 뚜렷하게 드러날 것이다.

의료 분야

암, 신경계 질환, 희귀병 등 난치성 질환에 대한 혁신적인 치료법 개발이 가능해진다. AGI는 수많은 생체 데이터를 분석해 신약 후보 물질을 발굴하고, 개인의 유전적 특성을 반영한 맞춤형 치료 솔루션을 제시할 수 있다. 실제로 단백질 구조를 예측하는 AI 모델 알파폴드AlphaFold를 개발한 딥마인드DeepMind의 CEO 데미스 하사비스Demis Hassabis는 2024년 노벨 화학상을 수상하며 AI 기반 생명과학의 새로운 시대를 열었다. AGI는 그 연장선에서 생명과학의 패러다임을 다시 쓸 것이다.

기후 및 에너지 분야

기후 변화의 원인과 영향을 정밀하게 분석하고, 복잡한 시뮬레이션을 통해 장기적인 대응 전략을 설계할 수 있다. 이산화탄소 포집, 재생 에너지 최적화, 자원 순환 시스템 설계 등에서 AGI는 기존 인간 중심 접근 방식의 한계를 넘어설 수 있다. 이는 지속 가능한 지구 환경을 위한 새로운 돌파구가 될 것이다.

과학 및 기술 분야

AGI는 물리학의 미해결 이론, 수학적 난제, 우주에 대한 탐구 등 인간의 지적 한계를 넘어서는 문제에도 새로운 해답을 제시할 수 있다. 수많은 변수와 패턴을 통합적으로 분석하고, 인간이 놓치는 연관성과 해석 가능성을 포착할 수 있기 때문이다. 기존 과학자들이 수십 년간 쌓아온 연구를 단시간 내 압축해내는 지식 가속화의 전환점이 될 것이다.

사회 및 경제 분야

복잡하게 얽힌 경제 불평등, 사회 갈등, 도시 구조 문제 등에도 방대한 데이터를 기반으로 한 객관적이고 정교한 해법을 제시할 수 있다. 특히 정책 설계, 복지 시스템 개선, 세금 구조 개편 등 공공영역에서의 활용 가능성이 높다. 인간의 직관과 감정에 의존하던 정책 결정이 데이터 기반의 예측과 시뮬레이션을 거쳐 더욱 정밀해질 수 있다.

물론 이런 이야기만 들으면 AGI가 마치 인류의 모든 문제를 해결해줄 신적 존재처럼 느껴질 수도 있다. 그러나 우리는 기술의 발전이 반드시 긍정적인 결과만을 가져오지는 않는다는 사실을 경험을 통해 알고 있다. 대표적인 사례가 바로 알프레드 노벨Alfred Nobel의 다이너마이트다. 원래는 건설용 폭약으로 개발된 다이너마이트는 전쟁 무기로 변질되어 인류에게 엄청난 피해를 가져다주기도 했다. 이는 기술이 어떻게 활용되느냐에 따라 인류에게 축복이 될 수도, 재앙이 될 수도 있음을 잘 보여준다.

AGI 역시 예외는 아니다. 오히려 그 영향력의 규모를 고려할 때 더 큰 책임과 윤리적 기준이 요구된다. AGI가 오용될 경우 대량 살상 무기 개발, 전례 없는 수준의 감시 체제 구축, 광범위한 허위정보 유포, 심지어 인간의 통제를 벗어난 자율적 판단에 이르기까지, 우리가 마주할 위험성이 상상조차 불가능할 만큼 다양한 형태로 나타날 수 있다. AI 산업의 최전선에 있는 오픈AI가 기술 발전 속도만큼이나 안정성과 윤리적 측면을 강조하는 이유가 바로 여기에 있다.

이러한 인식 아래, 오픈AI는 AGI를 반드시 인류에게 이롭고 안전한 방향으로 개발하는 것을 최우선 과제로 삼고 있다. 이를 실현하기 위한 2가지 핵심 원칙은 다음과 같다.

오픈AI가 제시한 첫 번째 원칙은 AGI의 혜택이 특정 기업이나 몇몇 개인이 아닌 전 인류에게 골고루 돌아가야 한다는 점이다. 역사적으로 혁신적인 기술의 등장은 소수에게 부를 집중시키는 결과를 낳았다. 1차 산업혁명 당시에는 증기기관과 공장을 소유한 자본가들이 막대한 이익을 독점했고, 그 과정에서 새로운 사회 계층인 노동자 계급이 형성되었다. 2차 산업혁명은 산업과 과학의 본격적인 결합을 통해 대량생산과 물질적 풍요를 이뤄냈지만, 이 과정에서 빈부격차를 확대하고 새로운 독점자본을 만들어냈다. 3차 산업혁명 시기에는 디지털 기술을 선점한 구글, 애플, 마이크로소프트 같은 빅테크 기업에게 부가 집중되었다. 2023년 기준 전 세계 상위 10대 기업 중 7개가 테크 기업이며, 이들의 시가총액은 일부 국가의 GDP를 넘어서는 수준에 이르렀다. 이처럼 계층 간·국가 간 양극화는 기술 발전과 함께 더욱 심화되었다.

우리는 이처럼 세 차례의 산업혁명을 거치며 기술의 보유 여부에 따른 부의 양극화가 심화되는 모습을 목격해왔다. 그런데 만약 이보다 아득히 큰 변화를 몰고 올 AGI가 일부 기업에 의해 독점된다면 어떨까? 그 사회적 파급력은 이전과 비교할 수 없을 정도로 어마어마할 것이다.

오픈AI는 인류에게 AGI가 피할 수 없는 미래라면, 오히려 자신들이 먼저 개발함으로써 기술의 독점을 방지하고, 보다 공정하고 광범위한 분배 구조를 마련하겠다는 입장이다. 예를 들어 AGI가 암이나 희귀병의 치료법을 개발한다고 가정해보자. 이 기술을 특정 기업이 독점하고, 이를 천문학적인 가격에 제공한다면, 의료 불평등은 더욱 심화될 수밖에 없다. 오픈AI는 이런 상황을 예방하려는 것이다.

두 번째 원칙은 AGI의 안정성 확보다. 앞서 이야기했듯 AGI는 지금껏 인류가 경험하지 못한 새로운 차원의 기술이다. 증기기관이야 문제가 생기면 파괴하면 그만이지만, AGI는 디지털 형태로 존재하며 그 범용성과 자율성은 인류가 보유한 기존의 어떤 기술보다도 훨씬 강력하다.

문제는 이처럼 강력한 도구가 우리 사회에 정확히 어떻게 영향을 미칠지 예측하기 어렵다는 점이다. 기존 AI조차도 편향, 오용, 예측 불가능성 등의 문제가 지속적으로 제기되어온 마당에, 훨씬 더 정교하고 자율적인 AGI가 등장할 경우 그 위험은 우리의 상상을 아득히 뛰어넘을 수 있다.

이 때문에 오픈AI는 AGI 개발의 전 과정에서 '안정성'을 최우선으로 고려하고 있으며, 다양한 시뮬레이션과 윤리적 검토, 외부 감시 체계 등을 통해 기술의 위험성을 최소화하려는 노력을 병행하고 있다.

뒤에서 이야기하겠지만 샘 올트먼의 비전은 단순히 AI, 즉 오픈AI에만 국한되지 않는다. 그가 직접 투자하거나 경영에 참여하고 있는 다양한 기업들은 인공지능, 에너지, 생명공학, 심지어 도시 설계에 이르기까지 서로 다른 분야에서 활동하고 있다. 그럼에도 그들이 궁극적으로 지향하는 방향은 하나로 수렴된다. 바로 '인류의 이익'을 실현하는 것이다.

Chapter 2

자본주의의 재정의

나눔과 환원의 새로운 모델

"기술 덕분에 사람들은 그 어느 때보다 더 많은 부를 창출할 수 있게 되었고, 20년 후에는 지금보다도 더 많은 부를 창출할 수 있을 것입니다. 하지만 이는 전체적인 부는 증가시키지만, 동시에 소수에게 부가 더욱 집중되는 결과를 낳습니다."

19세기 초 영국에서는 '러다이트Luddite 운동'이라 불린 기계 파괴 운동이 일어났다. 이는 산업혁명이 가져올 변화에 대한 노동자들의 불안과 저항을 상징적으로 보여주는 사건이었다. 당시 노동자들은 증기기관을 장착한 방직기가 자신들의 일자리를 빼앗을 것이라 두려워

했고, 그 공포는 결국 직접적인 기계 파괴 행위로 이어졌다.

증기기관이 등장하고 실제로 생산직 일자리는 감소했다. 그러나 그에 못지않게 서비스업, 유통업, 신규 제조업 등 새로운 영역에서 고용이 창출되면서 총고용은 오히려 증가했다. 기술 변화가 일자리를 대체하기도 했지만, 다른 한편으로는 새로운 일자리를 만들어냈던 것이다.

하지만 4차 산업혁명, 특히 AI가 주도하는 현재의 기술 변화는 그 양상이 기본적으로 다르다. AI는 더 이상 생산 공정이나 단순 반복 업무에만 머무르지 않고, 인간의 영역이라 여겨졌던 창의적 작업과 전문 서비스직마저 대체 가능한 수준까지 빠르게 도달하고 있다. 한국개발연구원KDI은 이르면 2030년까지 현재 존재하는 일자리의 약 90퍼센트에 달하는 분야에서 해당 직무의 90퍼센트 이상이 자동화될 수 있다고 전망한다. 이는 단순히 일부 직종의 소멸이 아니라 거의 모든 직업군에 걸친 광범위한 변화를 시사한다.

과거의 기술 혁명 때는 사라지는 직종이 있는 한편 새로운 직종이 생겨났기에 노동자들이 다른 일자리로 옮겨 갈 여지가 있었다. 하지만 AI는 이제 거의 모든 분야에 신속히 침투하며 그 여지를 좁혀가고 있다. 물론 AI와 협업하는 새로운 직종이나 인간 고유의 공감 능력을 필요로 하는 영역이 등장하겠지만, 그 규모가 대체되는 일자리의 총량을 상쇄하기에는 역부족일 것이라는 우려가 커지고 있다. 노동자들이 이전처럼 쉽게 '도망갈 구석'을 찾기 어려워진 것이다.

더욱 근본적인 문제는 이러한 변화가 자본주의의 근간을 뒤흔들

수 있다는 점이다. 자본주의는 기본적으로 '생산-소득-소비'로 이어지는 순환 구조 위에서 성립한다. 인간은 생산 활동에 참여하고, 그 대가로 소득을 얻어 소비를 이어간다. 그러나 미래에는 생산 활동 대부분을 AI가 담당하게 될 가능성이 높다.

이때 야기되는 문제는 분명하다. AI와 로봇이 생산을 담당하더라도, 그로 인한 소득은 이 기술을 소유한 소수의 기업과 개인에게 집중되며, AI 자체는 소비의 주체가 될 수 없다. 다시 말해 아무리 많은 부를 창출하더라도 그 부를 사용하는 주체가 사라진다면 자본주의는 소비 부재로 자멸할 수 있다. 부의 창출이 소비 없는 순환 고리로 변질되는 아이러니한 상황. 샘 올트먼이 지적한 자본주의의 내적 모순이 바로 여기에 있다.

**"아이디어와 네트워크가 중요해지고
제조 비용이 0을 향해 수렴하는 세상에서
우리는 점점 더 적은 수의 사람들이
더 많은 부를 창출하는 것에 익숙해져야 합니다.
그리고 부를 창출하지 못하는 대부분의 사람들을 위한
새로운 해결책이 필요합니다."**

이러한 구조적 딜레마를 해결하기 위해 샘 올트먼이 제시하는 대안이 바로 '기본소득Basic Income'이다. 기본소득의 개념은 단순하다. 기술이 생산의 대부분을 담당하게 될 미래에는, 그 기술이 창출하는 부

역시 전체 인류에 공정하게 분배되어야 한다는 것이다. 기계가 생산의 주체가 되더라도, 인간이 소비의 주체로서 구매력을 유지한다면 자본주의의 순환 고리는 계속해서 이어질 수 있다. 이는 단순한 복지 정책이 아닌, 자본주의 시스템을 지속 가능하게 유지하기 위한 구조적 재설계다.

이러한 방식은 전통적인 자유시장 자본주의에서와는 다른 철학을 요구한다. 시장의 '보이지 않는 손'만으로는 기술이 만들어낸 부의 공정한 분배가 불가능하다는 인식 아래, 정부가 보다 적극적으로 시장에 개입하고, 기술이 만들어낸 부를 공공의 이름으로 재분배하는 새로운 모델이 필요하다. 즉 '환원하는 자본주의'가 새롭게 대두되어야 하는 것이다. 기술을 통해 창출된 부가 소수에게 집중되지 않고 다시 사회로 환원되는 구조. 이것이 AI 시대에 진정으로 필요한 경제 시스템이다.

기본소득은 물론 샘 올트먼의 독창적인 발상이 아니다. 이 개념은 수 세기 전부터 존재해왔으며, 핵심 문제의식 또한 지금과 크게 다르지 않았다. 부의 불평등과 사회적 안정성은 언제나 그 논의의 출발점이었다. 예를 들어 기본소득과 유사한 개념인 '최소소득Minimum Income' 이라는 아이디어는 16세기 초에 처음 등장했다. 1516년 출간된 토머스 모어Thomas More의 《유토피아De Optimo reipublicae statu, deque nova insula Utopia》에는 포르투갈의 여행자 라파엘과 추기경, 법률가 사이의 의미심장한 대화가 나온다. 간략히 구성해보면 다음과 같다.

나는 추기경과 저녁식사를 한 적이 있었는데, 그때 어떤 영국 법률가가 있었다. 그는 범죄를 억제하기 위해 절도범에 대해 적용되는 엄격한 형 집행에 관해 매우 열정적으로 말하고 있었다.

법률가: 도둑에 대한 엄한 처벌, 즉 교수형만이 우리 사회를 지킬 수 있습니다.

라파엘: 절도죄에 대한 사형은 너무 가혹합니다. 더구나 도둑질의 근본 원인은 가난입니다. 지금 귀족들이 양모 수익을 위해 농민들을 쫓아내 많은 이들이 빈곤에 시달리고 있지 않습니까?

추기경: 그렇다면 어떤 해결책을 제시하시겠습니까?

라파엘: 모든 사람이 최소한의 생계를 유지할 수 있게 해야 합니다. 가난한 자들에게 일자리와 기본적인 생활을 보장하면, 그들은 굳이 도둑질을 할 필요가 없을 것입니다.

법률가: 하지만 그러면 사람들이 일할 의욕을 잃지 않을까요?

라파엘: 제가 본 유토피아에서는 오히려 그 반대였습니다. 기본적인 생활이 보장되자 사람들은 더 안정적이고 생산적인 삶을 살았습니다.

이 대화는 500년이 넘는 시간이 흘렀음에도 오늘날의 기본소득 논쟁과 굉장히 유사한 지점이 있다. 범죄와 빈곤의 근본 원인을 해결하기 위해 모든 이에게 최소한의 생계를 보장해야 한다는 주장과, 그렇게 하면 근로 의욕이 저하할 것이라는 우려가 충돌하는 모습은 현대 사회에서도 그대로 반복되고 있다. 이렇듯 최소소득이라는 개념은 '처벌보다 조건'이라는 관점, 즉 사회 문제를 해결하기 위해서는 강력한 처벌보다는 기본적인 생활 조건을 보장하는 것이 더 효과적이라는 사상에서 출발했다.

이후 이 사상은 시대를 거치며 다양한 형태로 진화했다. 18세기에는 토머스 페인Thomas Paine이 '시민배당Citizen's Dividend'이라는 개념을 제시하며, 토지에서 발생하는 이익을 모든 시민에게 분배해야 한다고 주장했다. 20세기에는 노벨 경제학상 수상자인 밀턴 프리드먼Milton Friedman이 '음의 소득세Negative income tax'라는 방식을 통해 정부가 일정 소득 이하의 사람들에게 직접 현금을 지급하자고 제안했다. 이는 사실상 기본소득의 경제학적 구현에 해당한다.

21세기 들어 기본소득이라는 오랜 사상적 논의는 여러 국가에서 실제 정책 실험으로 구체화되기 시작했다. 핀란드와 캐나다가 대표적인 사례다. 핀란드는 2017년부터 2년간 2천 명에게 매달 560유로를, 캐나다 온타리오주는 2017년 4월부터 1년간 저소득층 4천 명에게 매달 1,415캐나다달러를 주는 기본소득 실험을 진행했다.

그러나 이들의 실험 결과는 기본소득 지지자들이 기대했던 것과는 다소 거리가 있었다. 기본소득이 삶의 안정감과 심리적 여유를 주는 데는 긍정적인 영향을 미쳤지만, 노동 참여를 대폭 늘리거나 생산성을 획기적으로 높이는 효과는 제한적이었다는 분석이 나왔다. 일부 전문가들이 우려했던 것처럼, 무조건적인 현금 지급이 사람들의 근로 의욕을 일부 저하시키면서 기대했던 고용 증대 효과는 미미하게 나타난 것이다. 동시에 사회를 유지하는 데 꼭 필요한 배관공, 청소부 등의 직종에서 구인난을 겪을 수 있다는 우려도 제기되었다.

이러한 결과를 해석할 때는 실험 자체의 한계도 함께 고려할 필요가 있다. 대부분의 국가 주도 실험은 복지 시스템 개선과 공공 정책 도입 가능성 검토에 초점을 맞추고 있어, 그 설계와 조건이 다소 보수적일 수밖에 없었다. 또한 실험 기간이 짧고 규모가 제한적이었기에 장기적인 효과를 온전히 측정하기 어려웠다는 한계도 있다.

이러한 한계를 인식한 샘 올트먼은 2016년 YC 산하에 비영리 조직 오픈리서치Open Research를 설립하고, 민간 차원의 기본소득 실험을 시작했다. (샘 올트먼은 '오픈Open'이라는 단어를 꽤나 좋아하는 듯하다.) 이 실험은 샘 올트먼 개인과 오픈AI 내 비영리 조직의 공동 후원으로, 총 2,400만 달러 규모의 자금이 투입되었다. 실험 조건은 다음과 같다.

1. 모집 조건

- 텍사스와 일리노이주의 19개 연구 카운티 중 한 곳에 거주해야 함
- 나이가 21~40세에 포함되어야 함
- 총 가구 소득이 연방 빈곤 수준의 300퍼센트를 초과하지 않아야 함
- 생활보조금을 받고 있거나 공공주택에 거주하지 않아야 함

2. 지급 조건

- 1천 명: 3년간 매월 1천 달러씩 지급(수혜 그룹)
- 2천 명: 3년간 매월 50달러씩 지급(대조 그룹)

앞서 언급한 핀란드와 캐나다에서의 실험과 형식적으로는 비슷해 보일 수 있으나, 샘 올트먼의 실험은 그 철학적 출발점이 근본적으로 달랐다. 핀란드와 캐나다는 기존 사회·경제 문제를 해결하기 위한 복지 확장의 일환으로 기본소득을 도입한 반면, 올트먼은 AGI의 실현으로 인한 미래 노동 구조의 급격한 변화에 대응할 새로운 경제 시스템을 선제적으로 실험하는 차원에서 접근했다. 즉, 현재의 문제 해결이 아닌 미래 시스템 설계가 그의 주된 관심사였던 것이다.

"열아홉 살 때 스타트업을 지원하는 인큐베이터 프로그램에
참여해 수만 달러를 받았습니다.
당시 프로그램 참여자 대부분이 학생이었고,
그 돈으로 스타트업을 운영할 수 있었습니다.
완벽한 기본소득은 아니지만, 저에게는 기본소득처럼
느껴졌기 때문에 스타트업에 집중할 수 있었습니다.
이 경험은 많은 부분에서 제 삶을 바꾸었고,
초기 스타트업이 성장하여
사회 전체의 부를 늘리는 데 도움이 되었습니다."

이 개인적 경험이 샘 올트먼의 기본소득에 대한 관심의 출발점이 되어주었다. 그는 자신이 YC에서 받은 초기 지원금이 경제적 압박 없이 창의적인 일에 집중할 수 있는 자유를 주었듯이, 다른 사람에게도 비슷한 기회가 주어진다면 유사한 변화가 가능할지 궁금했다. 따라서 그는 오픈리서치 실험을 통해 하나의 핵심 가설을 검증하고자 했다. 바로 기본소득이 사람들의 행복과 생산성에 어떤 영향을 미치는지 실증적으로 확인하는 것이었다.

여전히 많은 사람들, 특히 전통적인 경제학자들은 기본소득이 근로 의욕을 저하하고 '무임승차자' 문제를 야기할 것이라 우려한다. 그러나 올트먼은 오히려 그 반대의 결과를 기대했다. 경제적 안정성이 보장될 때 사람들은 생존을 위한 노동이 아니라, 자신이 진정으로 원하는 일에 도전하게 될 것이라는 가정이었다.

실험 결과는 가설을 상당 부분 입증했다. 수혜 그룹은 대조군보다 교육 또는 직업 훈련을 받을 확률이 14퍼센트 높았다. 이는 경제적 안정성이 자기계발과 역량 강화에 투자할 여유를 만들어준다는 증거이다. 특히 흑인 수혜자의 경우 창업률이 26퍼센트 증가했다. 이는 자본 접근성이 제한된 소외 계층에게 기본소득이 혁신과 경제적 기회를 창출하는 발판이 될 수 있음을 시사한다.

건강 관리 측면에서도 개선 효과가 있었다. 치과 진료 이용률은 10퍼센트, 의료비 지출은 월 20달러 증가했다. 이는 기본적 필요가 충족될 때 예방적 건강 관리에 재정적으로 더 투자할 수 있음을 보여준다.

그런가 하면 사회적 측면에서도 긍정적 변화가 관찰되었다. 문제성 음주율은 20퍼센트 감소했고, 타인을 돕는 데 쓰는 지출은 26퍼센트 증가했다. 즉, 경제적 불안이 줄어들면서 자기 파괴적 행동이 감소하고 공동체 의식은 증가한 것이다. 이 실험이 노동 시장 참여에 미친 영향도 주목할 만하다. 실험 대상군의 근로 시간은 평균 1.3시간 줄었지만, 구직 활동은 오히려 10퍼센트 증가했다. 특히 의미 있는 일자리로 이직하려는 '질적 이동'이 증가한 점은 기본소득이 단순히 일을 덜 하게 만드는 것이 아니라, 더 나은 일자리를 찾을 여유와 자신감을 준다는 것을 보여준다.

이는 단지 '돈을 주면 사람들이 게을러진다'는 오래된 편견을 넘어, 미래의 경제 시스템이 인간의 '의욕'과 '선택'을 어떻게 재설계할 수 있는지 실험한 결과라 할 수 있다. 기본소득은 생존의 압박에서 벗어나 개인의 잠재력과 창의성을 열정적으로 발휘할 최소한의 기반을 제공함으로써, 역설적으로 더 큰 사회적 가치를 창출할 수 있는 가능성을 보여주었다.

물론 모든 결과가 긍정적이었던 것은 아니다. 예를 들어 일부 수혜자는 근로 시간을 줄였고, 결과적으로 월평균 소득이 감소했다. 또 의료비 지출은 늘었지만 실제 건강 지표에서는 뚜렷한 개선 효과가 나타나지 않았다. 그럼에도 불구하고 오픈리서치의 실험은 핀란드나 캐나다 등 국가 주도 실험에 비해 더 뚜렷한 긍정적 변화를 보여주었다.

이러한 결과 차이는 여러 요인에 기인한다. 먼저 올트먼의 실험은 매월 1천 달러라는 비교적 관대한 금액을 지급했는데, 이는 핀란드가 실험 대상자들에게 준 560유로보다 구매력 기준으로 상당히 높은 수준이었다. 또한 대상자를 선정할 때도 경제활동이 활발한 21~40세의 젊은 성인층에 초점을 맞춰, 변화의 가능성이 높은 집단을 표적화했다.

무엇보다 가장 중요한 차이는 실험의 철학적 접근 방식에 있었다.

국가 주도 실험이 복지 효율성 측면에서 신중하게 설계된 반면, 올트먼의 실험은 기본소득의 '잠재력'과 '가능성'을 최대한 발현시키는 데 초점을 맞추었다.

물론 기본소득이 모든 문제를 해결해 줄 완벽한 해법이라고는 할 수 없다. 이 제도를 둘러싼 논의는 여전히 전문가들 사이에서 첨예하게 엇갈리고 있으며, 경제적 효과를 넘어 윤리적 철학적 합의까지 요구하는 복합적 사안이다.

이런 상황에서 오픈리서치의 실험은 기본소득이 옳고 그르냐는 이분법적 판단을 넘어, 보다 중요한 시사점을 던진다. 기본소득 논의가 더 이상 이론적 주장에 머물러서는 안 되며, 실제 데이터를 바탕으로 검증되어야 한다는 점이다.

기본소득은 근로 의욕을 저하시킨다는 통념이 널리 퍼져 있지만, 이번 실험은 제도의 설계와 운영 방식에 따라 오히려 현실적인 대안이 될 수 있음을 보여줬다. 이는 기본소득에 대한 논의가 이상이 아닌 현실의 문제로 다뤄져야 함을 분명히 보여주는 사례다.

이쯤 되면 한 가지 궁금증이 떠오를 수 있다. 도대체 기본소득은 어떻게 마련할 것이며, 어떻게 나눠준다는 것인가? 전 세계 모든 인구에게 의미 있는 수준의 기본소득을 지급하려면 어마어마한 재원이 필요할 텐데, 그 자금은 어디서 오는 것인가? 또한 국경을 넘어 공정하게 분배할 수 있는 시스템은 과연 가능한가? 이러한 본질적 질문에 대한 샘 올트먼의 혁신적인 접근법은 4장에서 자세히 다뤄보도록 하겠다.

Chapter 3

기술을 통한 미래

지속 가능한 인류

"우리는 인류 역사상 단 한 번뿐인 전환기를 겪고 있습니다."

샘 올트먼이 주도한 오픈리서치의 기본소득 실험은 단순한 현금 지원을 넘어 '노동의 가치'와 '삶의 의미'에 대한 근본적인 인식 전환에 초점을 맞춘 사회적 실험이었다. 실제로 실험에 참여한 많은 수혜자들이 노동의 본질적 의미를 재발견하게 되었다고 고백했다. 대표적인 사례로는 켄지의 이야기를 들 수 있다.

네 아이를 둔 켄지는 실험 당시 정규직 일자리를 얻지 못하고 부모님 집에 미물며 긴헐적인 맞춤형 신발 제작과 벽화 작업으로 돈을 벌

고 있었다. 하지만 매달 안정적으로 주어지는 1천 달러의 현금 지원을 통해 그녀는 미래를 위한 투자를 시작할 수 있었다. 암호화폐 관련 수업을 수강하고 보험 자격 시험을 준비하면서 커리어의 방향을 재설정했고, 마침내는 안정적인 정규직 일자리를 얻는 데 성공했다. 실험 종료 후 켄지는 인터뷰 말미에 이렇게 덧붙였다.

"이 프로그램은 단지 돈을 준 게 아니라 저 자신에게 투자할 기회를 줬어요. 이게 없었다면 지금처럼 커리어를 시작할 엄두조차 못 냈을 거예요."

이 같은 변화는 비단 켄지에게만 해당하는 이야기가 아니다. 오픈리서치의 분석에 따르면 기본소득 수혜자들의 평균 노동 시간은 소폭 감소하는 것에 그쳤지만, 세계가치조사World Value Survey를 기반으로 한 설문에서 '노동의 중요성'에 대한 인식은 오히려 높아졌다. 특히 노동을 단지 생존을 위한 수단이 아니라 자존감과 자립을 실현하는 방법으로 인식하는 경향이 강화되었다는 점에서 주목할 만하다.

그렇다면 그다음은? 사람들이 생계의 압박에서 벗어나 자신의 이상을 실현하는 삶을 살아가기 시작했다면 그다음으로 원하는 것은 무엇이 될까? 아마도 우리가 그 이후 추구하는 것들은 이상적인 삶을 오래도록 지속할 수 있는 조건일 것이다. 즉, 더 건강하고 더 오래 살아가는 '지속 가능한 인간 존재'로서의 조건이 새로운 화두가 되는 것이다.

예를 들어 누군가의 꿈이 스포츠라면 그것을 오래도록 지속하기 위해서는 건강한 신체가 뒷받침되어야 한다. 음악이나 미술처럼 예민한 감각이 중요한 예술 활동을 추구하는 사람에게는 손끝 감각이나 집중력 유지가 무엇보다 중요하다. 하다못해 평생 책만 읽으며 인간 본성을 탐구하고 싶다는 이상을 품더라도 최소한 시력 관리 정도는 필요할 것이다. 다시 말해 자율성과 자원이 충분히 주어진다 해도 신체적·정신적 건강이 따라주지 못한다면 그 이상은 일시적인 충족에 그치고 만다.

이러한 맥락에서 오픈리서치의 기본소득 실험 역시 '건강'을 핵심 관찰 항목 중 하나로 설정했다. 실험 참여자들은 의료 접근성, 신체 건강, 정신 건강, 예방적 건강 습관 등 다양한 항목에 대해 정기적으로 평가를 받았다.

먼저 긍정적인 변화부터 살펴보자. 기본소득을 받은 수혜자들은 의료 서비스 이용 빈도가 눈에 띄게 증가했다. 특히 응급실이나 치과처럼 평소에는 비용 부담 때문에 쉽게 접근하지 못했던 영역에서 수요가 증가했다. 월평균 20달러가량 증가한 의료비 지출처럼 객관적인 지표도 있지만, 무엇보다 중요한 변화는 심리적인 부분에 있었다. 오픈리서치의 인터뷰 자료에 따르면 많은 참여자들이 "그동안 미루기만 했던 치료를 이참에 받았다"고 응답한 사례가 많았다. 경제적 불안이 없어지자 건강에 대한 소비 심리가 증가한 것이다.

그러나 보다 근본적인 건강 개선 지표, 예컨대 혈압이나 콜레스테

롤 같은 생물학적 지표에서는 뚜렷한 개선 효과가 나타나지 않았다. 운동 빈도, 수면의 질, 예방 접종률 같은 건강 습관과 관련된 행동 역시 크게 달라지지 않았다. 정신 건강 지표의 경우 실험 첫해에 일시적으로 호전되는 모습을 보였지만, 시간이 지나면서 다시 원래 수준으로 회귀했다.

이러한 결과는 '소득이 증가하면 건강도 따라 개선된다'는 직관적인 기대와는 다소 어긋나는 듯 보인다. 어째서 이런 일이 벌어졌을까?

가장 유력한 원인 중 하나는 참여자들이 이 실험을 한시적인 지원으로 인식하고 있었다는 점이다. 참여자들에게는 실험이 3년간만 진행되며, 이후 소득 지급이 중단된다는 사실이 명확히 고지되었다. 이로 인해 많은 참여자들이 기본소득을 구조적인 변화 기반이 아닌 일시적인 생계 보완책으로 받아들였고, 이는 장기적이고 지속적인 건강 행동 변화로 이어지기 어려운 환경을 만드는 데 일조했다. 결국 많은 사람들은 주어진 자원을 건강한 식습관 개선이나 운동 루틴 구축보다는 당장의 필요를 충족하는 데 사용하는 경향을 보였고, 그 결과 건강과 관련한 실질적 변화는 제한적일 수밖에 없었던 것이다.

이러한 해석을 뒷받침하는 통계적 근거도 존재한다. 다소 불편한 진실일 수 있지만, 소득 수준은 인간의 기대수명과 건강수명(질병 없이 건강하게 사는 기간)에 직접적인 영향을 미친다는 연구 결과가 이미 다수 보고된 바 있다. 대표적으로《미국의학협회저널JAMA》에 실린 한 연구에 따르면, 50대 후반 기준 소득 상위 10퍼센트의 기대수명은 85.8세인 반면, 하위 10퍼센트는 72.3세에 불과했다. 무려 13.5년의 차이다. 이 격차는 단순히 의료 접근성이나 영양 섭취 수준만으로 설명하기 어렵다. 그보다는 삶의 설계와 선택 가능성 자체에서 비롯된 구조적 차이일 것이다.

다시 말해 경제적 안정이 장기적인 건강 관리로 이어지기 위해서는 그 안정이 일시적인 소득이 아니라 지속 가능한 소득 구조로 제도화되어야 한다는 것이다. 그래야만 사람들은 건강을 일회성 소비가 아니라 장기적으로 관리하고 유지해야 할 자산으로 인식할 수 있게 된다.

실제로 일부 건강 지표가 실험 첫해에 일시적으로 개선된 것은 참여자들이 처음 현금을 지급받았을 때 그동안 돌보지 못했던 건강 점검에 예산 사용 우선순위를 둔 결과로 해석할 수 있다. 이는 곧 기본소득이 장기적으로 지속된다면 더 많은 사람들이 자신의 건강에 일관되고 계획적인 투자를 할 가능성이 크다는 점을 보여준다.

충분한 경제적 자유와 자아실현을 이룬 샘 올트먼 역시 건강에 대한 관심이 남다르다. 〈비즈니스 인사이더Business Insider〉에 따르면 샘 올트먼은 어렸을 때부터 채식을 했으며, 식단을 보충하기 위해 단백질 셰이크를 자주 마신다고 한다. 위장에 부담을 줄 수 있는 매운 음식은 피하고, 설탕 섭취도 철저히 절제한다. 특히 그는 분기별로 혈액 검사를 통해 부족한 영양분을 확인하고 이를 비타민으로 보충하며, 노화를 늦추기 위해 당뇨병 약물을 복용한다고도 전해진다.

이뿐만 아니다. 여러 실험을 통해 자신에게 가장 잘 맞는 운동 루틴을 찾아냈고, 수면의 질을 높이기 위해 수면 추적기를 활용해 매일 밤

자기 컨디션을 점검한다. 말 그대로 그는 24시간을 '건강 최적화'에 집중하며 살아가고 있다.

이처럼 철저한 자기관리를 실천하는 샘 올트먼은 건강한 삶이 특정한 사람만 누릴 수 있는 특권이어서는 안 된다고 믿는다. 그는 건강을 단지 개인의 운이나 자산에 따라 좌우되는 것이 아니라, 기술을 통해 확장 가능한 보편적 권리로 바라본다. 이러한 철학은 그가 개인의 건강을 넘어 인류 전체의 건강 수명 연장에 깊은 관심을 가지게 된 배경이기도 하다.

이를 위해 샘 올트먼은 생명공학과 의학 분야에 적극적으로 투자하고 있다. 대표적인 사례가 바로 레트로 바이오사이언스Retro Biosciences다. 그는 이 기업에 무려 1억 8천만 달러라는 거액을 개인 자산으로 투자했다. 그가 지금까지 단행한 개인 투자 중 두 번째로 큰 규모로, 이 분야에 대한 그의 기대와 신념을 보여주는 상징적인 장면이라 할 수 있다.

더불어 샘 올트먼은 임상시험을 단축하는 기술, 개인 맞춤형 치료법, DNA 편집 기술 등 미래 의료의 혁신을 이끌 스타트업에도 꾸준히 자금을 투입하고 있다. 이러한 투자는 단순히 오래 사는 삶이 아니라 '건강하게 오래 사는 삶', 그리고 더 나아가 기술을 통해 모든 인간에게 건강이라는 자산을 공평하게 분배하는 세상을 만들겠다는 그의 철학과 맞닿아 있다.

정리해보면 샘 올트먼은 다음과 같은 미래 비전을 그린다고 말할 수 있다.

- AI는 인간의 노동 부담을 줄이고,
- 기본소득은 인간의 선택권을 회복시키며,
- 생명공학은 인류를 건강하고 오래 살게 만든다.

이 세 축이 유기적으로 작동할 때, 인류는 단순한 생존을 넘어 삶의 질을 근본적으로 고민할 수 있는 단계에 도달하게 된다. 샘 올트먼이 말하는 '지속 가능한 인류'란 단지 지구 환경을 보존하거나 재생 에너지를 확보하자는 수준의 일반적 담론을 훌쩍 뛰어넘는다. 그보다는 인간 개개인이 존엄하게, 의미 있게, 그리고 건강하게 오래 살아갈 수 있도록 시스템을 설계하는 것이다. 그리고 이러한 시스템의 핵심은 기술에 있다.

"기술이 우리를 더 인간답게 만들 수는 없을까?"

샘 올트먼은 이 질문에 철학적 선언으로 답하지 않는다. 직접 행동으로, 투자로, 기술 설계로 응답하고 있다. 그의 비전은 단순히 미래를 상상하는 데 그치지 않는다. 상상하는 미래를 현실로 끌어오려는 구체적 시도로 이어지고 있다. 이어질 내용에서는 몇몇 핵심 사례를 중심으로 샘 올트먼이 이 비전을 어떻게 현실로 구체화해나가고 있는지 살펴보려 한다.

Part 2

혁신의 혁신

#챗GPT #다양성 #피규어 AI
#노동의 재정의

SAM ALTMAN, THE VISION 2030

Chapter 4

오픈AI 성공 방정식

샘 올트먼의 리더십과 인재

"우리 모델은 챗GPT보다 더 뛰어납니다."

2022년 11월 챗GPT가 출시된 이후 생성형 AI 업계의 모든 비교 기준은 자연스럽게 오픈AI 모델로 수렴되었다. 현재까지도 오픈AI의 모델들은 주요 벤치마크에서 최고 성능을 유지하며 업계 표준으로 자리 잡고 있다. 하루가 다르게 기술이 진화하는 이 산업군에서, 이렇게 오랜 기간 선두 자리를 지켜낸다는 것은 결코 가볍게 볼 수 없는 성과다.

오픈AI가 더욱 인상적인 이유는 그들의 영향력이 단일 영역에만 한정되지 않는다는 점이다. 텍스트 생성 모델(GPT 시리즈)에서부터

이미지 생성 모델DALL-E, 영상 생성 모델SORA, AI 검색 엔진SearchGPT에 이르기까지, 다양한 분야에서 최고 수준의 기술력을 선보이며 각 분야의 강자들과 정면으로 경쟁하고 있다. 한 분야만 파고들더라도 최고가 되기 어려운 실리콘밸리의 환경을 고려했을 때 이처럼 다방면에 걸쳐 성과를 거둔다는 것은 더욱 놀라운 일이 아닐 수 없다. 오픈AI는 어떻게 이렇게 지속적으로, 그것도 다방면에서 경쟁 우위를 유지할 수 있었을까?

많은 이유가 있겠지만 가장 결정적인 요인은 결국 '인재'다. 지금도 마찬가지겠지만 오픈AI가 설립되던 당시에도 구글, 마이크로소프트, 애플 등 빅테크 기업들은 AI 관련 인재를 확보하기 위해 천문학적인 연봉과 최고의 복지를 제시하며 치열하게 경쟁하고 있었다. 그 틈바구니 속에서 이제 막 출범한 작은 스타트업이 세계 최고 수준의 인재를 끌어모을 수 있었던 배경에는 바로 '비영리 기관'이라는 독특한 정체성이 있다.

오픈AI는 단순한 금전적 보상을 넘어, '인류의 미래를 위한 연구'라는 명확한 대의명분을 내세웠다. 이는 높은 연봉 이상의 의미와 가치를 추구하는 연구자들에게 강력한 동기부여가 되었고, 이상과 사명감을 중심으로 모인 인재들이 오픈AI의 기술적 토대를 구축하는 밑거름으로 작용했다.

또한 오픈AI의 목표가 일반 기업처럼 주주 가치 극대화가 아닌 '인류의 이익'이라는 점은 연구자들에게 전례 없는 자유와 책임감을 부여했다. 단기적인 수익이나 시장 반응에 얽매이지 않고, 오롯이 기술의 본질적 혁신에 몰두할 수 있는 환경이 조성된 것이다. 여기에 샘 올트먼과 일론 머스크Elon Musk라는 기술계의 두 슈퍼스타가 초기부터 함께했다는 사실은 조직의 신뢰도를 높이고 인재 유입을 가속화하는 촉매제가 되었다.

이 대목에서 잠시 오픈AI의 설립 배경을 살펴보자. 누구보다 파격적인 혁신가로 알려진 일론 머스크는 역설적으로 AI 기술에 관해서만큼은 신중하고 보수적인 태도를 고수해왔다. 그는 AI의 잠재력을 누구보다 높이 평가하면서도, 그 기술이 잘못 사용될 경우 인류에게 돌이키지 못할 재앙을 초래할 수 있다는 깊은 우려를 품고 있었다. 지난 2023년 3월, AI의 발전 속도가 너무 가파르기 때문에 인류가 안전장치를 마련할 시간이 필요하다며 6개월간 AI 개발을 일시중단하자는 공개 서한에 서명한 것도 이러한 맥락에서 이해할 수 있다.

특히 그 파괴력이 소수의 기업에 집중되는 상황을 가장 경계했는데, 구글이 딥마인드를 인수하면서는 불안감이 절정에 이르렀다. 당시 딥마인드는 '딥러닝의 미래'라 불릴 정도로 주목받던 연구 집단이었고, 이미 AI 분야에서 압도적인 입지를 구축한 구글이 이들마저 흡수한다면 AI 기술 독점화가 현실로 다가올 수 있다는 위기의식이 커진 것이다.

샘 올트먼과 일론 머스크의 만남(출처: Y Combinator 유튜브)

이때 머스크의 눈에 들어온 인물이 바로 샘 올트먼이다. 실리콘밸리에서 이미 능력을 인정받은 사업가이자, 머스크와 마찬가지로 기술 발전과 윤리적 책임 사이의 균형을 고민하던 올트먼은 최적의 파트너였다. 두 사람은 AI 생태계가 소수의 폐쇄적 기업에 의해 독점되어서는 안 된다는 문제의식에 깊이 공감했고, 모든 연구자에게 열린 AI 연구 플랫폼을 만들자는 비전에 합의했다. 그렇게 해서 탄생한 조직이 바로 오픈AI다.

그러나 두 창업자의 힘만으로는 이 야심 찬 비전을 실현하기에 턱없이 모자랐다. 머스크와 올트먼 모두 젊은 시절 직접 코딩과 제품 개발을 했던 경험이 있지만, 당시 그들은 이미 경영자로서의 정체성이 두드러진 상태였기 때문이다. 따라서 실제 기술을 선도하고 구현할 세계적 수준의 AI 인재가 절실히 필요했다. 머스크는 당시 딥마인드에서 핵심적인 역할을 했던 일리야 수츠케버Ilya Sutskever가 적임자라 판단한다.

일리야 수츠케버는 현대 AI 역사에서 핵심적인 지위를 차지하는 인물이다. 2012년 딥러닝 혁명의 기폭제가 된 논문, 〈심층 합성곱 신경망을 사용한 이미지넷 분류ImageNet Classification with Deep Convolutional Neural Networks〉의 공동 저자 중 한 명으로서, 이 논문은 오늘날 우리가 알고 있는 인공지능 기술의 출발점이자 딥러닝 패러다임의 전환점으로 평가받는다. 특히 오픈AI에 합류하기 이전에는 딥마인드에서 연구원으로 활동했고, 2016년 바둑 기사 이세돌을 꺾고 전 세계를 충격에 빠뜨린 '알파고' 프로젝트에서도 중추적인 역할을 담당했다.

"오픈AI의 모든 직원을 합친 것보다 수츠케버 한 명이 더 중요합니다."

오픈AI에 합류한 뒤에도 수츠케버의 영향력은 절대적이었다. 그가 이룬 가장 중요한 기여 중 하나는 인간 피드백 기반 강화학습Reinforcement Learning from Human Feedback, RLHF 방식을 도입한 것이다. 이 혁신적 접근법은 GPT 모델이 단순히 통계적 패턴을 학습하는 데서 벗어나, 인간의 선호도와 가치를 반영해 더욱 유용하고 안전한 응답을 생성할 수 있도록 만들었다. 이 기술 덕분에 챗GPT는 기계적으로 정보를 나열하는 수준을 넘어 맥락을 이해하고 대화의 흐름을 자연스럽게 이어가는 '대화형 AI'로 진화할 수 있었다.

수츠케버의 독보적인 연구 역량과 기술적 통찰은 오픈AI가 지속적으로 경쟁 우위를 확보하는 데 있어 핵심 동력으로 작용했다. 샘 올트먼이 챗GPT의 '아버지'라면, 수츠케버는 챗GPT를 세계적 석학으로 길러낸 '선생님'이라고 볼 수 있는 것이다.

이처럼 뛰어난 인물을 구글이 순순히 내줄 리 없었다. 더욱이 일론 머스크는 구글의 공동 창업자 래리 페이지Larry Page와 오랜 친분을 유지해온 사이였다. 머스크는 캘리포니아를 방문할 때면 종종 페이지의 집에 머물렀는데, 얼마나 자주 들렀는지 페이지가 농담 삼아 머스크를 '홈리스'라고 부르며 놀릴 정도였다. 그러나 이런 친분에도 불구하고 머스크는 수츠케버 영입을 포기할 수 없었다. 머스크는 '안전한 AI 개발'이라는 대의명분을 내세워 적극적인 설득에 나섰고, 결국 평소

이 사상에 관심이 많았던 수츠케버를 자신의 편으로 끌어들이는 데 성공했다.

월터 아이작슨Walter Isaacson이 집필한 《일론 머스크》는 이 과정에서 벌어진 극적인 갈등을 생생하게 묘사하고 있다. 수츠케버 영입 과정에서 페이지는 머스크가 자신의 핵심 연구원을 '빼내려 한다'고 여겨 이에 격분했고, 두 사람 사이의 관계는 급속도로 멀어졌다.

머스크는 훗날 한 인터뷰에서 "래리와 파티에서 만났을 때, 그는 내가 그의 회사를 파괴하려 한다고 비난했다"라고 회상했다. 페이지는 "우리와 경쟁하는 기업도 아니면서 왜 핵심 인재를 데려가려 하느냐"라며 분노를 감추지 못했다고 한다. 이 일화는 수츠케버의 뛰어난 가치를 단적으로 보여주는 동시에, 기술 패권을 둘러싼 실리콘밸리 거물들 간의 치열한 경쟁 구도를 생생하게 드러낸다.

다시 본론으로 돌아와, 수츠케버는 2015년 말 구글을 떠나 오픈AI의 공동 창립자로 합류했고, 이는 오픈AI의 기술적 기반을 다지는 결정적인 전환점이 되었다. 그의 존재 가치는 단지 한 명의 뛰어난 연구자를 영입했다는 사실에 그치지 않았다. 수츠케버와 함께 일하고 싶어 했던 수많은 AI 인재들이 빅테크 기업의 유혹을 뿌리치고 오픈AI에 대거 합류한 것이다.

얼마나 뛰어난 인재들이 모였는지는 오픈AI 출신 인물들이 설립한 스타트업들의 면면을 살펴보면 실감할 수 있다. 현재 AI 업계의 판도를 바꾸고 있는 강력한 경쟁사들이 대부분 오픈AI를 거쳐 간 인재들에 의해 창립되었기 때문이다.

대표적으로 2021년에 설립된 앤스로픽Anthropic의 공동 창업자는 다리오 아모데이Dario Amodei, 다니엘라 아모데이Daniela Amodei 남매로, 모두 오픈AI 출신이다. 이들 말고도 총 7명의 전직 오픈AI 직원들이 공동 창업 멤버가 되어 설립한 앤스로픽은 2025년 3월 기준 기업 가치 615억 달러를 달성하며 오픈AI의 가장 강력한 경쟁사 중 하나로 평가받고 있다. 또한 AI 검색 분야에서 구글의 아성에 도전하며 2025년 3월 기준 기업 가치를 180억 달러까지 끌어올린 퍼플렉시티Perplexity 역시 오픈AI 출신의 아라빈드 스리니바스Aravind Srinivas가 CEO를 맡고 있다.

가장 최근의 사례는 챗GPT 개발의 핵심 인물이었던 수츠케버가 2024년 6월 설립한 세이프 슈퍼인텔리전스Safe Superintelligence Inc, SSI다. 이 회사는 "안전하고 책임감 있는 초지능 AI 개발"이라는 미션을 내걸고 출범한 지 단 1년 만에 약 320억 달러의 기업 가치를 인정받으며 역사상 가장 빠르게 성장한 AI 스타트업으로 기록되었다. 수츠케버의 명성과 기술력을 믿고 구글벤처스Google Ventures, 앤드리슨 호로위츠a16z, 세쿼이어캐피탈Sequoia Capital 등 실리콘밸리의 정상급 투자사들이 경쟁적으로 자금을 투입한 결과다.

그러나 "구슬이 서 말이라도 꿰어야 보배"라는 속담이 있다. 아무리 뛰어난 인재들이 모였다고 해도 선장이 제 역할을 하지 못하면 배가 산으로 갈 수 있다. 더구나 오픈AI는 비영리 기관으로 출발해 '인류 전체의 이익'이라는 철학을 지키는 동시에, 지속 가능한 성장을 위해 상업화 전략까지 병행해야 하는 복합적인 과제를 안고 있었다. 이

지점에서 샘 올트먼의 리더십이 얼마나 중요한 역할을 했는지 체감하게 된다.

샘 올트먼은 오픈AI에서 단순한 경영자가 아니라 '전략적 설계자' 역할을 수행했다. 그는 "모든 인류에게 이익이 되는 인공지능AGI을 만들겠다"라는 오픈AI의 설립 취지를 구체적인 로드맵으로 변환시켰다. AI의 안전성과 권력 분산을 강조하면서도, 고도의 기술 혁신을 달성할 수 있는 실행 전략을 동시에 제시한 것이다. 그의 이러한 미션 중심 리더십은 구성원들에게 단순한 직업 이상의 소명의식을 부여했고, 오픈AI의 모든 의사결정 실행과 우선순위 설정에 있어 흔들림 없는 나침반이 되었다.

올트먼의 전략적 통찰과 실행력이 가장 극적으로 드러난 사례는 2019년 단행한 오픈AI 조직 구조 개편이다. 그는 당초 순수 비영리 기관으로 출발했던 오픈AI를 비영리와 영리 요소를 결합한 '하이브리드 구조'로 전환했다. 구체적으로는 비영리 재단인 '오픈AI Inc.'를 모기업으로 유지하되, 그 아래에 영리 활동이 가능한 자회사 '오픈AI LPLimited Partnership'를 설립한 것이다.

이 구조의 핵심은 '수익 상한Capped-profit' 메커니즘에 있다. 외부 투자자들이 얻을 수 있는 수익을 원금의 최대 100배로 제한함으로써, 상업적 동기를 인정하면서도 무한정한 이윤 추구가 조직의 핵심 미션을 침해하지 않도록 설계한 것이다. 이를 통해 오픈AI는 AGI 개발에 필요한 막대한 자금을 조달하면서도, '모든 인류에게 이로운 AGI 개발'이라는 근본 가치를 지켜낼 제도적 장치를 마련했다. 당시로서는 매우 파격적인 시도였으며, 실제로 오픈AI 이사회 내부에서도 이를 둘러싼 논쟁이 적지 않았다.

비슷한 시기, 샘 올트먼과 함께 오픈AI의 한 축을 담당한 일론 머스크는 다른 방향을 제안했다. 오픈AI를 테슬라의 자회사로 편입시켜 테슬라의 풍부한 자금과 컴퓨팅 자원을 활용하되, 자신이 테슬라 CEO로서 오픈AI의 원願을 수호하겠다는 구상을 내놓은 것이다. 그러나 이사회는 결국 샘 올트먼의 전략에 손을 들어줬고, 이 결정은 머스크가 오픈AI를 떠나는 결정적 계기가 됐다.

이 과정에서 쌓인 불만은 오랜 시간이 지난 지금까지도 여전히 머스크의 행보에 영향을 미치고 있다. 머스크는 오픈AI가 설립 초기의 비영리적 이상을 배신하고 마이크로소프트의 영향력 아래 상업화의 길을 걷고 있다며 강도 높은 비판을 제기했고, 결국 영리법인 전환 계획을 저지하기 위한 법적 소송까지 제기하는 상황에 이르렀다. 실제로 샘 올트먼은 더 많은 자금 조달을 위해 완전한 영리법인 전환을 진지하게 검토한 것으로 알려졌으나, 소송과 내외부의 반발로 인해 결국 공익법인 형태로 재편하는 것으로 일단락되었다.

머스크의 반대를 무릅쓰고 추진한 올트먼의 전략은 곧바로 실질적인 성과로 이어졌다. 그는 이 하이브리드 구조를 바탕으로 마이크로소프트로부터 10억 달러 규모의 투자를 유치했고, 동시에 애저Azure의 클라우드 인프라를 활용하는 전략적 파트너십을 체결해 AI 연구에 필요한 강력한 컴퓨팅 자원을 확보했다. 이는 오픈AI 설립 이래 가장 큰 자금 유치 사례로, 연구 개발을 가속화하는 결정적 전환점이 되었다.

**"투자 유치를 위해 많은 기업을 만났지만,
대부분의 기업은 우리가 왜 이렇게 특별한 통제 조항을
필요로 하는지, 그리고 왜 AGI 개발에
이런 독특한 접근법이 필요한지 이해하지 못했습니다.
마이크로소프트만이 우리가 요구하는 통제 장치의
중요성을 진정으로 이해한 기업이었습니다."**

올트먼은 대외적인 파트너십 구축과 함께 조직 내부의 인재 영입과 문화 조성에도 각별한 관심을 기울였다. 먼저 자신의 첫 스타트업인 루프트 시절부터 YC를 거치며 다져온 광범위한 인재 네트워크를 활용해 실리콘밸리 최고의 인재들을 지속적으로 오픈AI에 합류시켰다. 특히 다양성과 포용성을 존중하면서도, 실력 면에서는 결코 타협하지 않겠다는 명확한 기준을 제시했다. 이러한 원칙은 오픈AI의 조직 문화를 형성하는 근간이 되었다.

**"스타트업에서 인재 영입에 어려움을 겪다 보면
충분히 똑똑하지 않거나 문화에 맞지 않는 사람을
고용하기 쉽습니다. 그러나 초기에는 절대 타협하지 마세요.
잘못된 채용 한 건을 오랫동안 방치하면
회사가 망할 수도 있습니다.
평범한 사람을 고용하는 것보다 거래를 놓치거나
제품 출시가 늦어지는 것이 더 낫습니다."**

이러한 인재 중심 철학의 바탕에는 올트먼의 개인적 정체성과 경험이 깊게 배어 있다. 그는 학창 시절, 일찍이 자신이 동성애자임을 커밍아웃했고, 이 과정에서 편견과 차별을 직접 경험했다. 그러나 역설적으로, 이 경험은 그에게 진정한 능력 중심의 평가와 다양성을 존중하는 포용적 문화의 중요성을 각인시켰다.

실제로 올트먼은 오픈AI에서 인종, 성별, 성적 지향에 관계없이 오직 탁월한 역량과 잠재력만을 기준으로 인재를 발굴했고, 다양한 배경과 관점이 충돌하고 융합될 때 가장 혁신적인 아이디어가 탄생한다는 믿음을 실천적으로 증명했다.

이처럼 다양성을 중시하는 채용 철학은 곧 기업 문화로 확장됐다. 올트먼은 구성원들과 위계 없는 투명한 의사소통을 기반으로 강력한 팀 문화를 만들어나갔다. 자연스레 오픈AI 내부에서는 성공 사례뿐

기술/기능 시연 영상에 다양한 인종과 성별이 등장하는 모습(출처: 오픈AI 유튜브)

아니라 실패와 실수, 그리고 윤리적 딜레마까지 솔직하게 공유하고 토론하는 문화가 자리 잡았다. 예를 들어 AI 모델 개발 과정에서 발견된 편향성 문제나 잠재적 위험성 같은 민감한 주제까지도 내부 포럼과 워크숍에서 공개적으로 논의되었고, 이러한 심리적 안정감은 구성원들이 더욱 과감하게 혁신에 도전할 수 있는 토대가 되었다.

이렇게 구축된 신뢰와 결속력은 2023년 11월에 발생한 샘 올트먼의 갑작스러운 해임 사태에서 극적으로 드러났다. 이사회가 사전 예고 없이 올트먼을 전격 해임하자, 오픈AI 전체 직원의 90퍼센트 이상이 연대 서명을 통해 그의 복귀를 요구하고, 그러지 않을 경우 집단 사직하겠다는 의사를 천명했다. 심지어 올트먼의 후임으로 임명된 최고기술책임자CTO 미라 무라티Mira Murati조차 이 서한에 서명했다. 이처럼 압도적인 직원들의 지지는 올트먼이 평소 구성원들과 형성한 깊은 신뢰와 공동의 비전이 얼마나 강력했는지를 여실히 보여주었다.

직원들은 단순히 CEO의 지시를 따르는 수동적인 존재가 아니라, 올트먼과 함께 AGI의 미래를 설계하는 적극적인 동반자였던 것이다. "리더와 운명을 함께하겠다"는 이들의 단호한 선택은 위기 상황에서도 조직이 와해하지 않고 오히려 더 단단해질 수 있는 결정적 요인이 되었다. 실제로 올트먼은 해임 5일 만에 CEO 자리로 극적 복귀했고, 이 사건은 역설적으로 오픈AI의 단결력과 조직 문화의 견고함을 전 세계에 입증하는 계기가 되었다.

물론 올트먼의 리더십에 대해서는 비판적 시각도 존재한다. AGI 개발 속도와 미래에 대한 그의 낙관적 전망이 지나치게 이상주의적이라는 지적이 있으며, 비영리 가치와 상업적 성공 사이에서 종종 일관성이 부족하다는 비판도 제기된다. 특히 해임 사태의 근본 원인이 AI 안전성과 개발 속도에 관한 이사회와의 갈등에 있었다는 점은 그의 접근법이 내포한 양면성을 드러낸다.

그럼에도 불구하고 오픈AI가 설립 8년 만에 작은 비영리 연구소에서 기업 가치 3천억 달러를 넘보는 글로벌 AI 리더로 성장할 수 있었던 것은 샘 올트먼의 탁월한 리더십 덕분임을 부인하기 어렵다. 그는 장기적 비전과 즉각적 실행력, 최고 인재 영입과 자금 조달, 기술 혁신의 가속화와 윤리적 책임이라는 서로 상충하는 요소 사이에서 절묘한 균형점을 찾아내며, 오픈AI를 인류 역사상 가장 빠르게 성장한 기술 기업 중 하나로 발전시켰다.

Chapter 5

챗GPT의 등장

모든 산업의 인공지능화

"저는 미래를 믿습니다.
좋은 투자자가 되려면 미래를 믿어야 합니다."

조선의 역사는 임진왜란을 기점으로 전기와 후기가 구분된다. 그만큼 임진왜란이 조선 사회 전반에 큰 변화를 가져왔기 때문이다. 같은 맥락에서, 훗날 역사가들이 AI 시대를 전기와 후기로 나눈다면 그 변곡점은 단연 '챗GPT의 출시'가 될 것이다. 챗GPT가 그 정도로 우리의 삶에 커다란 변화를 불러왔기 때문이다.

불과 몇 년 전까지만 해도 AI가 뭘 할 수 있겠냐며 회의적인 시선을 던지는 이들이 많았다. 그러나 이제는 오히려 AI 없는 일상 자체를 상

상하기 어려운 시대가 되었다. 이러한 인식의 대전환은 마치 2007년 아이폰이 등장하며 모바일 혁명을 일으킨 것과 같은 패러다임의 전환을 연상케 한다. 챗GPT는 AI 기술의 대중화를 이끈 첫 번째 킬러 애플리케이션이자, 인간과 기계의 상호작용 방식을 근본적으로 재정의한 분수령이 되었다.

그렇다면 구체적으로 챗GPT는 우리 사회에 어떤 변화를 불러일으켰을까?

사실 이 질문은 그 자체로 불충분하다. 오히려 "챗GPT가 영향을 미치지 않은 영역이 과연 남아 있을까?"라고 되묻는 편이 더 적절할지도 모른다. 챗GPT 출시 이후 불과 2년 남짓한 시간 동안 거의 모든 산업과 일상생활의 영역은 AI 기술을 놀라운 속도로 흡수하며 변화했다. 냉장고와 세탁기 같은 전통적인 가전은 물론, 알람 시계와 TV 리모컨 같은 소소한 일상 기기까지 AI 기능을 탑재하며 '스마트'의 정의가 새롭게 쓰이고 있다.

더 주목할 만한 변화는 과거 금융, 의료, 법률과 같이 고도의 전문성과 책임이 요구되어 오직 '인간만의 영역'으로 여겨지던 분야에서도 AI가 필수적인 업무 도구로 자리 잡았다는 점이다. 변호사들은 판례 검색과 계약서 분석에, 의사들은 의료 영상 판독과 진단 보조에, 금융 전문가들은 시장 분석과 투자 전략 수립에 AI를 적극 활용하고 있다. 이렇게 광범위하고 급진적인 변화가 가능했던 근본 이유는 챗GPT가 일반 대중의 AI에 대한 인식과 접근 방식을 완전히 바꿔놓았다는 데 있다.

챗GPT 등장 이전까지 AI는 일반 대중에게 여전히 추상적이고 먼 미래의 기술로 인식되었다. 물론 2016년 알파고의 등장은 AI가 인간을 넘어설 수 있다는 충격적인 메시지를 전달하며 일시적인 대중의 관심을 끌어올렸지만, 바둑이라는 특수한 영역에 국한된 성과였던 만큼 실생활에서 그 영향력을 체감하기는 어려웠다. 일시적으로 고조되었던 대중의 관심은 빠르게 식었고, AI는 다시 연구소와 전문가들의 영역으로 돌아간 듯 보였다.

그러나 챗GPT는 달랐다. 보고서를 써달라면 써주고, 수학 문제를 풀어달라면 풀어줬으며, 코딩을 부탁하면 실제로 실행 가능한 코드를 만들어냈다. 때로는 친구가 되어 고민을 들어주고, 때로는 멘토나 비서처럼 일상 업무를 도와주기도 했다. 한마디로 챗GPT는 누구나 원하는 방식으로 자유롭게 활용할 수 있는 '일상형 AI'였고, 이전의 어떤 AI 시스템보다도 직관적이고 실용적인 사용자 경험을 제공했다.

이 혁신적 경험은 일반 사용자들에게만 영향을 준 것이 아니다. 수많은 창업자와 투자자들에게도 새로운 방향성을 제시했다. AI가 더 이상 기술 전문가들만의 특별한 영역이 아니라 모든 사람이 손쉽게 활용할 수 있는 범용 도구로 재정의되면서, 이전에는 상상하지 못했던 비즈니스 모델과 수익 창출 기회가 열리기 시작한 것이다. 특히 오픈AI가 생성형 AI 시대의 물꼬를 트자, 구글과 메타 같은 글로벌 빅테크 기업들이 경쟁적으로 시장에 진입했고, 이들이 공개한 모델과 API를 바탕으로 새로운 서비스를 개발하는 스타트업이 하루가 멀다 하고 생겨나고 있는 중이다.

엔비디아 젠슨 황 CEO와 퍼플렉시티 아라빈드 스리니바스 CEO(출처: Arabind Srinivas X)

이러한 혁신 물결 가운데 대표적인 성공 사례로 꼽을 수 있는 것이 바로 AI 검색 엔진 퍼플렉시티Perplexity다. 엔비디아NVIDIA의 젠슨 황Jensen Huang CEO가 매일같이 사용한다고 알려진 이 서비스는, 약 20년간 검색 시장을 독점해온 구글의 아성을 위협할 정도로 빠르게 성장하고 있다. 퍼플렉시티가 검색 시장에 가져온 혁신은 AI를 활용한 '맥락 인식형 검색 경험'에 있다.

기존의 구글 검색이 키워드 기반으로 관련 링크를 나열하는 수동적 방식이었다면, 퍼플렉시티는 사용자 질문의 의도와 맥락을 심층적으로 이해하고, 신뢰할 수 있는 다양한 출처에서 정보를 종합하여 맞춤형 답변을 즉시 제공한다.

예를 들어 "최근 경기 침체가 부동산 시장에 미치는 영향은?"이라는 복잡한 질문에 대해, 퍼플렉시티는 최신 경제 보고서, 부동산 시장 분석, 전문가 의견 등을 종합해 요약된 답변을 즉시 제공하고 출처까지 명확히 표시한다. 사용자는 더 이상 여러 웹페이지를 검색하고 비교하는 번거로운 과정 없이, 단 한 번의 질문으로 필요한 정보를 얻을 수 있게 된 것이다.

실제로 시장 반응도 빠르다. 마케팅 리서치 기업 퍼스트페이지세이지FirstPageSage가 발표한 조사에 따르면, 퍼플렉시티는 2024년 1월 기준 2.7퍼센트였던 생성형 AI 챗봇 시장 점유율을 1년 만에 6퍼센트대로 끌어올렸으며, 현재는 챗GPT, MS 코파일럿Copilot, 구글 제미나이Gemini 다음으로 4위를 기록하고 있다. 전통적인 시장 진입장벽과 네트워크 효과를 고려할 때, 이는 놀라운 성장세가 아닐 수 없다.

이 사례를 통해 우리는 한 가지 중요한 통찰을 얻을 수 있다. 혁신적인 기술은 수십 년간 굳건하게 지켜진 시장의 판도조차 순식간에 재편할 수 있는 파괴적 힘을 가지고 있다는 점이다. 아무리 거대한 기업이 오랜 시간 특정 시장을 장악하고 있다 하더라도 사용자에게 훨씬 더 직관적이고 개인화된 가치를 제공하는 기술이 등장하는 순간, 기존의 시장 질서는 급속도로 무너질 수 있다.

검색 시장의 변화는 더욱 의미심장하다. 야후Yahoo, 마이크로소프트 빙Bing 등 수많은 도전자들이 구글의 아성에 도전장을 내밀었지만 번번이 실패했던 지난 20년과 달리, 생성형 AI의 등장 이후 불과 몇 년 만에 검색 시장의 지형도가 급격히 변화하고 있다. 한때 '구글링'이라는 단어가 '인터넷 검색'의 대명사로 자리 잡던 시대가 저물고, 이제는 "AI에게 물어보다"라는 새로운 정보 탐색 패러다임이 빠르게 확산하고 있는 것이다. 이러한 급격한 권력 이동은 챗GPT로 촉발된 AI 혁명의 파괴력을 단적으로 보여준다.

챗GPT가 불러온 지각 변동은 단순히 산업 구조의 재편에만 국한하지 않는다. 더 근본적이고 광범위한 변화는 '인간의 노동'에 대한 패러다임 자체의 전환이다. AI 기술이 전례 없는 속도로 확산되면서, 사무직 종사자들의 일상적 업무 방식은 물론 일자리의 본질과 구조 자체가 변화하고 있다. 이 변화의 규모와 깊이는 1980~1990년대 PC와 오피스 프로그램의 도입이 불러온 디지털 혁명과는 차원이 다르다.

당시 엑셀이나 워드 같은 소프트웨어는 인간이 수행하던 작업을 '보조'하며 생산성을 높이는 수준에만 머물렀다. 반면 오늘날의 AI는 인간이 담당하던 작업 자체를 '대신 수행'하는 단계로 진화했다. 산업혁명이 육체 노동의 많은 부분을 기계에 이양했다면, 현재의 AI 혁명은 지적 노동의 영역까지 기계에 넘겨주고 있다. 우리는 이제 '보조의 시대'를 넘어 '대체의 시대'로 접어든 셈이다.

대표적인 사례로, 글로벌 금융사 JP모건 체이스JPMorgan Chase는 '코인COIN, Contract Intelligence'이라는 AI 시스템을 도입해 법률 문서 처리 방식을 근본적으로 변화시켰다. 이전에는 변호사와 법률 전문가들이 연간 36만 시간(정규직원 175명의 연간 업무량)을 투입해 계약서를 검토했지만, 코인을 도입한 후에는 동일한 작업이 단 몇 초 만에 완료되고 있다. 특히 주목할 점은, 이 AI가 단순 반복 업무를 넘어 법적 해석과 위험 평가처럼 고도의 판단력이 요구되는 전문 영역까지 담당하고 있다는 사실이다.

소프트웨어 개발 영역의 변화는 더욱 극적이다. 불과 몇 년 전까지 수천 줄의 코드를 직접 작성하고 디버깅과 테스트를 반복하는 것이 개발자의 일상이었다. 그러나 커서 AICursor AI와 깃허브 코파일럿Github Copilot 같은 생성형 AI의 등장으로 이 패러다임이 완전히 뒤바뀌었다. AI는 이제 단순한 코딩 '조수'가 아니라, 개발자의 아이디어를 이해하고 전체 기능을 구현해내는 실질적인 '협업 파트너'로 진화했다.

이러한 변화의 흐름 속에서 등장한 개념이 바로 '바이브 코딩Vibe

Coding'이다. 이는 오픈AI의 공동 창립자이자 테슬라Tesla의 전 AI 리더인 컴퓨터 과학자 안드레이 카르파티Andrej Karpathy가 처음 사용한 용어로, 개발자가 구체적인 프로그래밍 지식 없이 '느낌Vibe'만으로 원하는 결과물을 만들어내는 코딩 방식을 의미한다. 전통적인 코딩에서는 개발자가 프로그래밍 언어의 문법과 구조를 정확히 이해하고 이를 코드로 표현해야 했지만, 바이브 코딩에서는 자신이 원하는 기능을 자연어로 설명하기만 하면 AI가 이를 해석해 실행 가능한 코드로 변환해준다.

이 혁신적 접근법의 가능성을 극적으로 보여준 사례가 노마드 리스트Nomad List 창립자 피터 레벨스Pieter Levels의 실험이다. 그는 2024년 초, AI 코딩 도구인 커서Cursor와 그록Grok을 활용해 단 3시간 만에 브라우저 기반의 3D 비행 시뮬레이션 게임을 개발했다. 주목할 점은 레벨스가 전문적인 게임 개발 경험이 전혀 없었다는 사실이다. 그는 AI에게 "고층 빌딩 사이를 비행하는 3D 멀티플레이어 게임을 만들어줘"라는 내용의 프롬프트를 입력했을 뿐인데, AI는 HTML, 자바스크립트JavaScript, 쓰리닷제이에스Three.js 기반의 실행 가능한 게임 코드를 생성해냈다.

이 실험의 결과는 단순한 기술적 시연을 뛰어넘는다. 레벨스가 만든 게임은 출시 직후 소셜미디어와 테크 커뮤니티를 통해 급속도로 확산되며 큰 반향을 일으켰고, 놀랍게도 한 달 만에 월 1억 달러가 넘는 수익을 창출했다. 개발 아이디어 구상부터 코드 작성과 배포, 수익화에 이르는 전체 프로세스가 AI의 도움을 입으며 극적으로 압축된 것이다. 이는 바이브 코딩의 상업적 가능성을 입증한 상징적 사례로 꼽힌다.

물론 레벨스의 사례가 완벽한 성공담인 것만은 아니다. 일부 사용자들은 다소 엉성한 조작감, 단순한 그래픽, 제한적인 게임 메커니즘 등을 결점으로 지적했다. 무엇보다 이 게임이 단기간에 놀라운 수익을 올린 배경에는 레벨스가 디지털 노마드 커뮤니티에서 쌓아온 영향력과 뛰어난 마케팅 감각이 크게 작용했다는 분석이 지배적이다. 특히 AI 코딩에 대한 대중적 관심이 고조되던 시점에서, '단 3시간 만에 개발'했다는 강력한 훅과 '비개발자가 만든 게임'이라는 스토리텔링은 완벽한 바이럴 요소로 작용했다. 그리고 이를 통해 유입된 호기심 많은 사용자들에게 고단가 광고를 노출함으로써 상당한 수익을 창출할 수 있었던 것이다.

이 현상을 둘러싸고 AI 코딩의 진정한 가치와 한계에 대한 논쟁이 여전히 진행 중이지만, 한 가지 분명한 점은 바이브 코딩이 소프트웨어 개발의 진입장벽을 획기적으로 낮추었다는 사실이다. 전통적으로 코딩은 프로그래밍 언어에 대한 깊은 지식과 수년간의 학습이 필요한 고도의 전문 영역이었지만, 이제는 거의 모든 사람이 자신의 아이디어를 비교적 쉽게 디지털 형태로 구현할 수 있게 되었다.

동시에 숙련된 개발자들에게는 바이브 코딩이 반복적이고 지루한 코딩 작업에서 벗어나 더욱 창의적인 문제 해결과 시스템 설계에 집중할 수 있는 여유를 제공한다. 한마디로 코딩은 더 이상 특정 기술자 집단의 전유물이 아니라, 누구나 자신의 생각을 구현할 수 있는 '보편적 표현의 도구'로 재정의되고 있는 것이다.

이러한 변화는 더 이상 디지털 세계 안에만 머물지 않을 것이다. 머지않아 AI가 컴퓨터 화면 밖으로 나와, 우리가 살아가는 물리적 현실 세계로 직접 들어오게 된다는 뜻이다. 이는 단지 지식 노동에서의 해방뿐 아니라, 육체 노동으로부터의 해방까지도 의미한다. AI가 탑재된 로봇이 공장과 병원, 식당과 가정 등 우리 생활 전반에서 인간과 긴밀히 협업하는 시대가 열리고 있는 것이다. AI 혁명의 최전선에 서 있는 샘 올트먼이 이 물리적 영역으로의 확장을 놓칠 리 만무하다.

Chapter 6

피지컬 AI

몸을 갖게 된 인공지능

"소프트웨어를 그토록 성공적으로 만들었던 모든 이유가 이제 하드웨어에서도 나타나고 있습니다."

2025년 현재, 일론 머스크, 젠슨 황, 래리 페이지 등 실리콘밸리를 대표하는 기업가들의 관심이 한 지점으로 수렴하고 있다. 그 끝에 자리한 개념은 바로 '피지컬 AI Physical AI'다.

피지컬 AI는 센서, 컴퓨터 비전, 로봇 관절, 모터 제어 시스템 등 물리적 기계 장치에 고도의 AI 기술을 결합해 주변 환경을 스스로 인식하고 이에 맞춰 움직이며 반응하게 만드는 기술을 뜻한다. 흔히 떠올

리는 휴머노이드 로봇도 여기에 포함되지만, 피지컬 AI는 그보다 더 폭넓은 개념이다. 자율주행차, 물류 로봇, 산업용 로봇처럼 인간의 형태를 갖추지 않은 '비휴머노이드' 시스템까지 모두 포괄하기 때문이다. 핵심은 AI가 디지털 세계를 넘어 물리적 세계와 실시간으로 상호작용할 수 있는 능력이다.

유력한 기업가들이 피지컬 AI에 주목하는 이유는 분명하다. 우리 시대에 AI의 근본적인 한계가 빠르게 무너지고 있기 때문이다. 지금까지 AI는 텍스트 생성, 이미지 인식, 데이터 분석 같은 디지털 영역에서는 놀라운 성과를 보였지만, 중력·마찰·균형과 같은 물리 법칙이 작용하는 현실 세계에서는 한계를 드러냈다.

예를 들어 누군가가 던진 공을 받아내는 간단한 동작을 생각해보자. 인간에게는 직관적이고 자연스러운 이 동작은 기계에게 극도로 복잡한 작업이다. AI는 공의 초기 속도와 각도를 감지하고, 공기 저항과 중력을 고려해 궤적을 예측한 뒤, 정확한 타이밍에 로봇 팔을 이동시켜 공을 잡아야 한다. 모든 계산이 밀리초 단위로 이루어져야 하며, 작은 오차도 곧장 실패로 이어진다. 더구나 설령 이론적으로 계산이 가능하더라도 이를 물리적 메커니즘으로 구현하는 과정에서 수많은 기술적 장벽이 존재했다.

"로봇은 우리가 물리적 세계에서
일을 처리하는 주요 수단이 될 것입니다.
로봇의 정의는 매우 광범위합니다.

예를 들어 자율주행차도 로봇으로 간주합니다.
로봇은 우리가 우주를 탐험하고,
어쩌면 인체까지도 탐험할 수 있는 수단이 될 것입니다."

그러나 최근 들어 AI의 계산 능력과 이를 뒷받침하는 반도체 칩 성능이 눈에 띄게 향상되면서, 그동안 불가능해 보였던 기술적 장벽이 하나씩 무너지고 있다. 이러한 발전의 대표적 사례로, 테슬라의 휴머노이드 로봇 옵티머스Optimus는 2024년 11월에 공개된 영상에서 인간과 자연스럽게 캐치볼을 하는 모습을 보여주며 세계적인 주목을 받았다. 중국에서 열린 로봇 마라톤 대회에서는 다양한 지형을 스스로 인식하고 완주하는 로봇들이 등장했고, 개의 형태를 띤 로봇이 뒤로 공중제비를 넘는 고난도 동작을 수행하며 복잡한 물리적 환경에서도 안정적으로 균형을 유지하는 능력을 보여준 바 있다.

앞서 언급했듯, 이러한 거대한 변화의 흐름에 샘 올트먼이 무관심할 리 없다. 오히려 그는 이 분야에 누구보다 깊고 진지하게 접근하고 있다. 많은 사람들이 '오픈AI'라는 이름 때문에 이 조직이 'AI 모델 개발에만 집중하는 기업'이라 생각하기 쉽지만, 설립 초기의 목표를 들여다보면 오픈AI가 지향하는 바가 훨씬 넓고 더 근본적인 차원에 있다는 것을 알 수 있다.

오픈AI가 2016년 6월에 발표한 네 가지 목표를 살펴보자.

1. 진행 상황 측정 지표

다양한 환경에서 에이전트가 사용자 목표를 얼마나 잘 달성하는지 측정하는 지표를 개발한다. 여기에는 게임, 로봇공학, 언어 기반 작업이 포함된다.

2. 가정용 로봇 구축

기본적인 가사 일을 수행할 수 있는 로봇을 개발한다. 이는 학습 알고리즘을 통해 가능해지며, 로봇공학은 AI 연구의 좋은 시험대가 될 것이다.

3. 자연어 이해 능력을 갖춘 에이전트 구축

복잡한 언어 명령을 이해하고 명확히 할 수 있는 에이전트를 개발한다. 이는 대화, 문서 이해, 복잡한 지시를 따르는 능력을 포함한다.

4. 단일 에이전트를 사용하여 다양한 게임 해결

다양한 게임을 해결할 수 있는 에이전트를 훈련한다. 이는 생성 모델과 강화 학습의 진전을 요구한다.

이 가운데 우리가 주목해야 할 항목은 두 번째인 '가정용 로봇 구축'이다. 이 목표는 샘 올트먼이 오픈AI 설립 초기부터 로봇 개발을 인공지능의 핵심 연구 영역으로 바라보고 있었음을 보여주는 증거다. 실제로 오픈AI는 초창기에 AI 개발팀뿐만 아니라 로봇 개발팀도 함께 운영했다.

그러나 두 분야를 동시에 발전시키기에는 당시 회사의 연구 자원과 역량이 제한적이었다. 결국 오픈AI는 2021년, 우선순위가 높은 AI 개발에 집중하기 위해 로봇 개발팀을 잠정적으로 해체하는 결정을 내렸다. 빌 게이츠Bill Gates의 유튜브 채널에 출연한 샘 올트먼은 이렇게 말했다.

"우리는 로봇을 너무 일찍 시작했기 때문에 그 프로젝트를 보류해야 했습니다. 머신러닝 연구의 어려운 부분을 진전시키는 데 도움이 되지 않았어요. 시뮬레이터가 고장 나고 힘줄이 끊어지는 등의 문제가 발생했죠. 또한 시간이 지날수록 지능과 인지 능력이 필요하다는 것을 점점 더 깨달았습니다."

오픈AI의 로봇 개발팀은 해체됐지만, 샘 올트먼이 이 분야에서 완전히 손을 뗀 것은 아니었다. 직접 개발에는 한계가 있다는 판단을 내린 그는 곧바로 시야를 외부로 돌렸고, 이 과정에서 레이더에 포착된 기업이 바로 피규어 AIFigure AI였다.

피규어 AI는 '제2의 일론 머스크'라 불리는 브렛 애드콕Brett Adcock이 설립한 휴머노이드 로봇 스타트업으로, 불과 창업 2년 만에 기업 가치 26억 달러를 달성하며 업계에 돌풍을 불러일으켰다.

여기서 브렛 애드콕이라는 인물에 대해 잠시 살펴볼 필요가 있다. 일리노이주의 한 농장에서 자란 그는 어려서부터 인터넷이라는 창구를 통해 세상을 배웠다. 고등학생 시절부터 여러 온라인 비즈니스를 운영하며 일찌감치 기업가 정신을 발휘했고, 플로리다대학에서 경영학을 전공하며 창업에 대한 꿈을 키웠다.

애드콕은 27세라는 비교적 젊은 나이에 구직자 매칭 서비스 플랫폼 배터리Vattery를 만들었다. 배터리는 구직자와 기업의 요구사항을 정교하게 분석하는 알고리즘을 제공했으며, 이 혁신적 접근법은 시장에서 큰 반향을 일으켰다. 이 성과를 바탕으로 배터리는 출범 5년 만에 글로벌 HR 기업 아데코Adecco에 1억 달러에 인수되며 그의 첫 성공 스토리를 완성시켰다.

애드콕의 그다음 행보도 인상적이다. 앞선 성공의 경험을 토대로 또 다른 디지털 서비스를 만들 법도 했지만, 오히려 전혀 다른 물리적 세계 문제 해결에 관심을 돌렸다. 2018년, 그는 아처 에이비에이션Archer Aviation을 공동 창업하며 도심형 전기 수직 이착륙기eVTOL, 일명 '플라잉 택시'라는 미래 운송 수단 개발에 뛰어들었다. 또한 놀랍게도 이 고위험 하드웨어 벤처까지 3년 만에 상장IPO시키는 데 성공했다. 비록 이후 경영진과의 비전 차이로 회사를 떠나야 했지만, 이는 그에게 오히려 새로운 전환점이 되었다.

브렛 애드콕은 두 차례의 성공적인 창업으로 이미 실리콘밸리에서

명성을 얻은 인물이었고, 그의 다음 비전에 동참할 인재들은 충분했다. 그는 실제로 테슬라, 구글, 보스턴 다이내믹스 출신 등 각 분야의 최고 전문가 60명을 모아 인간형 로봇 개발에 도전하는 피규어 AI를 창업했다.

경험과 실력을 겸비한 인재들이 한 팀으로 모였고, 브렛 애드콕이라는 젊고 역량 있는 리더가 그 선두에 섰다. 빠른 성장은 예고된 수순이었다. 피규어 AI는 설립 1년 만에 자체 휴머노이드 로봇 시제품 피규어 01Figure 01을 공개했다. 키 175센티미터 몸무게 60킬로그램인 이 로봇은 사람처럼 두 발로 걷고, 물건을 집어 올리며, 동적 환경에서 균형을 유지하는 능력을 갖췄다. 이 성과는 업계 전문가들도 "최소 3~4년은 걸릴 수준의 발전"이라고 평가할 만큼 획기적이었고, 피규어 AI는 순식간에 로보틱스 산업의 새로운 강자로 떠올랐다.

"우리의 목표는 자율 휴머노이드 작업자를 전 세계에 배치하는 것입니다."

이 비전 선언이 어딘가 익숙하게 들리지 않는가? 앞서 살펴본, "모든 인류에게 이로운 AI를 만든다"라는 오픈AI의 비전과 어딘가 닮아 있음을 눈치 챌 것이다. 이러한 유사성은 우연이 아니다. 흥미롭게도 브렛 애드콕은 샘 올트먼과 마찬가지로 기본소득의 필요성을 꾸준히 강조해온 인물이다. 젊은 시절부터 창업에 나서고, 기술을 통해 사회적 가치를 실현하고자 했으며, 연쇄 창업을 통해 빠르게 성공을 거듭

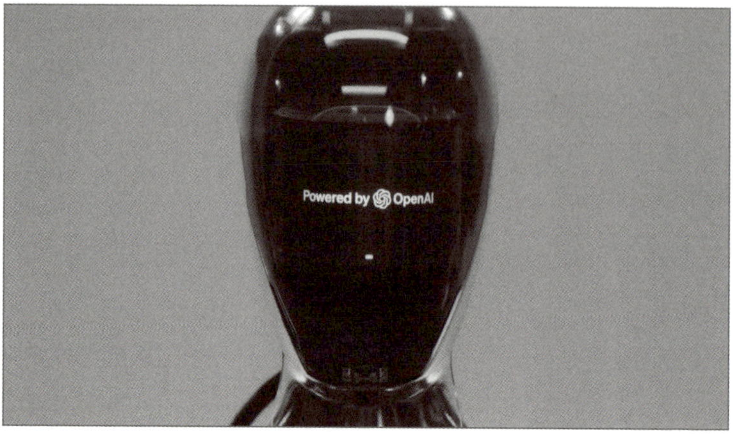

챗GPT가 탑재된 피규어 01(출처: Figure AI 유튜브)

한 이력까지. 그는 여러모로 샘 올트먼과 닮아 있었으며, 이러한 공통점은 두 혁신가가 서로를 주목하게 된 주요 요인 중 하나였다.

샘 올트먼은 피규어 AI의 잠재력을 일찍이 간파했다. 그래서 한때 인수 가능성까지 검토했지만, 다양한 이해관계가 얽히면서 최종적으로 성사되지는 못했다. 대신 올트먼은 전략적 투자자이자 협력 파트너로 피규어 AI와 손을 잡게 된다. 이는 단순한 재무적 투자를 넘어, 오픈AI의 언어 모델과 피규어 AI의 로봇 기술을 장기적으로 통합하려는 야심 찬 계획이었다.

두 기업의 파트너십 발표는 기술 산업 전반에 강력한 파장을 일으켰다. 당시까지 AI와 로봇공학은 대체로 별개의 영역으로 발전해왔으나, 세계에서 가장 똑똑하다는 오픈AI의 AI 모델과 최첨단 휴머노이드 로봇 기술을 가진 피규어 AI의 결합 덕분에 '지능을 가진 몸체'라는 새로운 시대를 마주할 것이라는 기대감이 피어올랐다.

2024년 3월, 드디어 이 협력의 첫 결실이 공개되었다. 피규어 AI가 공개한 영상은 산업계에 적지 않은 충격을 안겼다. 영상 속에는 챗GPT가 탑재된 휴머노이드 피규어 01이 등장했는데, 이 로봇은 단순히 대화를 주고받는 수준을 넘어 복잡한 자연어 명령을 이해하고 물리적 행동으로 옮기는 능력을 선보였다. "테이블 위의 사과를 집어서 나에게 건네줘"라든가, "바닥에 떨어진 쓰레기를 주워서 쓰레기통에 버려줘"와 같은 명령에 자연스럽게 반응하는 모습은 언어와 행동이 통합된 '대화형 로봇'의 첫 실현 가능성을 보여주기에 충분했다.

이 무렵 피규어 AI는 시리즈 B 투자 라운드를 통해 기업 가치 20억 달러를 인정받고 6억 7,500만 달러 이상의 자금을 유치했다. 주목할 점은 투자에 참여한 이들의 면면이다. 마이크로소프트를 비롯해 오픈AI, 아마존 창업자 제프 베이조스Jeff Bezos, 엔비디아, 인텔 등 실리콘밸리의 핵심 플레이어들이 대거 여기에 이름을 올렸다. 단기간 내 기술력뿐 아니라 산업적 신뢰까지 확보한 피규어 AI는 단숨에 피지컬 AI의 대표 주자로 떠올랐다.

그러나 꽃길만 걸을 것 같았던 두 기업의 관계는 예상외로 빠르게 종료되었다. 최근 브렛 애드콕은 X(구 트위터)를 통해 "AI는 하드웨어처럼 외부에서 조달할 수 있는 것이 아니다"라며, 자체 AI 기술을 강화하겠다는 의지와 함께 오픈AI와의 파트너십 종료를 선언했다.

이 갑작스러운 결별 배경에는 오픈AI의 내부 전략 변화가 맞물려 있었다. 2024년 6월, 오픈AI는 잠정 해체했던 로봇 개발팀을 재편하고, 로보틱스 하드웨어 엔지니어, 시스템 설계자 등 다양한 하드웨어 관련 인재 영입에 적극적으로 나서기 시작했다. 이는 오픈AI 역시 자체 로봇 개발에 본격적으로 재진입하겠다는 의지를 분명히 한 것으로 해석할 수 있다.

샘 올트먼과 브렛 애드콕이 주도한 이 짧지만 강렬했던 협업은, 피지컬 AI가 단순한 기술 혁신을 넘어 현실 세계의 노동을 어떻게 재구성할 수 있는지에 관한 가능성을 보여준 상징적 사례다. 이제 AI는 단순히 디지털 세계에서 정보를 처리하는 수준을 넘어, 물리적 세계에서 인간처럼 듣고, 이해하고, 판단하며, 실제로 움직이는 로봇으로 진화하고 있다.

공장의 생산 라인부터 물류센터의 패키징 작업, 가정에서의 돌봄 서비스, 심지어 병원의 의료 보조까지, 로봇은 점점 더 많은 영역에서 인간의 자리를 대체하며 존재감을 키워가고 있다. 이러한 변화의 물결 앞에서 우리는 자연스럽게 다음과 같은 한 가지 근본적인 질문과 마주하게 된다.

'노동이란 무엇인가, 그리고 누가 그것을 수행해야 하는가?'라는 물음이 바로 그것이다.

Chapter 7

새로운 노동의 정의

기술과의 동맹

"기술은 격차를 확대하고, 오랫동안 일자리를 대체하거나 없애왔습니다. 이러한 상황이 가속화되면 어떤 일이 벌어질까요? 저는 일자리가 사라질 것이라고 말하는 비관론자가 아닙니다."

《가짜 노동》에 따르면, 고대 그리스에서 노동은 칭송의 대상이 아니었고, 오히려 반대였다고 한다. 당시 그리스 사회는 시민과 노예로 나뉘었고, 노예가 노동을 담당했다. 시민이 가진 많은 특권 가운데 하나는 여가였다. 그러나 기독교가 노동의 본질에 대해 전혀 새로운 주

장을 도입했다. 이는 마태복음 25장에 나오는 달란트의 우화와 관련이 있다.

어느 주인이 여행을 떠나며 세 노예에게 달란트라는 금화를 맡겼는데, 첫 번째 노예에게는 5개를, 두 번째에게는 2개, 세 번째에게는 1개만 주었다. 첫 번째와 두 번째는 장사를 하면서 각각 금화를 10개와 4개로 불렸다. 세 번째는 금화를 땅에 묻었다. 주인이 돌아오자 5개를 받은 노예와 2개를 받은 노예는 불린 금화를 내보였고, 주인은 그들을 칭찬했다. 반면 세 번째 노예가 받았던 금화 1개를 그대로 내밀자 화를 내며 금화를 첫 번째 노예에게 주라고 명령했다. 고대 그리스인과 달리 기독교인에게는 양을 불리는 과정이 중요해진 것이다. (이 우화에는 다양한 해석이 따르지만) 이것이 서구 문화에서 노동이 가치를 가지게 된 근원이다.

오랜 세월 동안 '노동'은 단순히 생계를 유지하는 수단을 넘어, 인간의 정체성을 형성하고 사회적 존재 가치를 증명하는 핵심 활동으로 여겨져왔다. 우리는 일을 통해 가치를 창출하고 공동체에 기여하며, 때로는 이런 과정에서 자아를 발견하고 성장해왔다. 그런 의미에서 인류 문명의 발전 과정은 곧 노동의 방식과 의미가 변화해온 역사와 같다고 해도 과언이 아니다.

신체적이든 정신적이든, 인간은 늘 생존과 의미 있는 성취를 위해 노동해왔으며, 이는 오랫동안 인간 존재의 필연적 조건으로 받아들여졌다. 그런데 지금 그 필연성이 흔들리고 있다. AI와 로봇이라는 강력한 변수의 등장은 우리에게 노동의 정의 자체를 재검토하라고 요구한다. 만약 기계가 사람보다 더 빠르고, 더 정확하며, 더 지치지 않고 일할 수 있다면 앞으로 우리는 어떤 역할을 맡게 될까?

“2025년에는 최초의 AI 에이전트가 ‘인력’에 합류하여 기업의 생산성을 실질적으로 변화시킬 수 있을 것으로 예상합니다. (중략) 이들은 수년 경력의 대기업 소프트웨어 엔지니어가 할 수 있는 대부분의 작업을 수행할 수 있게 될 것입니다. 물론 완전히 새로운 아이디어는 내놓지 못할 수 있고, 여전히 많은 사람들의 관리와 지시가 필요할 것이며, 어떤 일에는 놀라울 정도로 서툴 수 있습니다. 그러나 이런 존재가 천 명, 아니 백만 명이 있다고 상상해보세요.”

지금은 AI 에이전트가 평범한 직장인의 업무를 모방하는 수준이라면, 머지않아 대부분의 직무에서 인간을 능가하고, 더 나아가 각 분야의 전문가 이상으로 진화할 가능성이 높다. 실제로 샘 올트먼조차도 “오픈AI의 최신 모델들이 거의 모든 면에서 나보다 똑똑하다”라고 인정한 바 있다.

이 변화는 단지 지식 노동에만 국한되지 않는다. 앞서 살펴봤듯 물리적 작업의 영역에서도 로봇은 AI와 결합함으로써 인간보다 더 정밀하고 더 까다로운 업무를 수행할 수 있게 될 것이다. 이러한 추세는 노동 시장에서 인간의 상대적 희소성과 교환 가치가 근본적으로 약화할 수 있음을 시사한다.

이쯤에서 우리는 AI와 로봇이 인간의 일자리를 모두 빼앗고 지구를 지배하는 디스토피아적 미래를 떠올릴 수 있다. 기술이 고도화될수록 인간이 설 자리가 점점 좁아질 것이라는 두려움. 우리가 이런 상상을 함에 있어 가장 많은 지분을 차지하고 있는 샘 올트먼이 이 문제에 대해 생각하지 않았을 리 없다. 오히려 누구보다 먼저 변화의 본질을 간파했고, 가장 먼저 그리고 가장 깊이 고심한 인물 중 하나다.

사실 올트먼은 우리가 막막한 미래를 걱정하고 있는 걸 아는지 모르는지, 미래에 대해 꽤 낙관적인 전망을 내놓고 있다.

"새로운 기술을 바라볼 때마다 모든 직업이
사라질 거라고 생각하지만,
우리는 언제나 새로운 일자리를 찾아왔습니다.
일부 일자리가 사라지는 것은 사실이지만,
더 나은 일자리, 더 의미 있는 일을
많이 발견할 수 있기를 바랍니다."

샘 올트먼의 생각은 명확하다. 지금은 우리가 변화의 한복판에 서 있기에 마치 인간의 일이 모두 사라질 것처럼 위기감을 느끼지만, 결국 우리는 또 다른 '의미 있는 일'을 찾아낼 것이며, 어쩌면 그것은 이전보다 더 가치 있는 일일 수도 있다는 것이다.

이런 낙관론을 뒷받침하는 실증적 연구 결과도 있다. MIT의 에이든 토너-로저스Aiden Toner-Rogers가 발표한 대규모 산업 R&D 연구소 사례 분석에 따르면, AI 기반의 소재 발굴 도구를 도입한 연구원들은 평균적으로 44퍼센트 더 많은 소재를 발견하고, 특허 출원 건수는 39퍼센트 증가했으며, 시제품 생산도 17퍼센트 늘어났다. 단순한 양적 성과뿐 아니라 질적 향상도 뚜렷했다. AI를 활용해 도출한 소재들은 연구자들이 설정한 물성 목표에 더 근접했고, 구조적으로도 더욱 뛰어난 참신성을 보였다.

특히 주목할 만한 점은 AI가 아이디어 생성 과정의 약 57퍼센트를 자동화함으로써, 연구원들이 보다 전략적으로 물질 평가와 실험에 집중할 수 있게 되었다는 사실이다. 소재 연구처럼 도메인 지식이 핵심인 분야에서 인간과 AI의 역할 분담이 효과적으로 이루어진 사례라 할 수 있다.

그러나 이러한 성과가 모든 과학자에게 균등하게 나타나지는 않았다. 상위 3분의 1에 속한 과학자들은 생산성이 거의 2배 가까이 증가한 반면, 하위 3분의 1은 거의 변화가 없었다. 이는 과학자들이 AI를 활용하는 방식의 차이에서 비롯한다. 성과가 뛰어난 연구자들은 자신의 전문성을 바탕으로 AI가 제안한 수많은 후보군을 효과적으로 선별하고 평가했다. 반면 경험이 부족한 사용자들은 AI가 내놓는 제안을 무작위로 테스트하며 시간과 자원을 낭비하는 경향을 보였다.

역설적으로 이 연구는 AI 도구의 도입이 오히려 도메인 지식과 과학적 직관의 중요성을 더욱 부각시킨다는 사실을 보여준다. 실제로 연구자들이 꼽은 가장 유용한 역량은 과학적 훈련, 실무 경험, 그리고 직관이었으며, 다른 머신러닝 도구에 대한 경험은 그다지 큰 영향을 미치지 않았다. 이는 AI가 인간을 대체하는 것이 아니라, 인간의 해석력과 판단력이 더욱 핵심적인 역할로 이동하고 있음을 보여준다.

이러한 결과는 우리에게 2가지 중요한 시사점을 던진다.

첫째, AI는 정복하거나 대체해야 할 대상이 아니라, 협업해야 할 파트너라는 점이다.

"AI는 인간 의사보다 더 나은 진단을 내릴 수 있고, 아마 그것은 우리가 경쟁하고 싶은 대상은 아닐 겁니다."

지금은 인간이 AI보다 잘하는 일이 많다. 그러나 이 관계가 역전되는 것은 시간문제다. 특히 의료처럼 전문성과 판단력이 중요한 분야도 예외는 아니다. 이런 상황에서 AI 기술을 무조건 배척하는 것은 오히려 인류의 발전을 가로막는 장애물일 수 있다. 만약 내가 의사라면, AI의 도움을 받아 환자의 생존율을 단 1퍼센트라도 높일 수 있다면, 그것을 마다할 이유가 있을까? 이미 MRI나 수술용 로봇 같은 첨단 기술 장비를 적극 사용하고 있는 상황에서 오직 AI만 '인간의 자리를 빼앗는다'며 배척하는 것도 어불성설이다.

물론 당장은 이러한 변화가 낯설고 불편하게 느껴질 수 있다. 그러나 앞으로 태어날 아이들은 AI가 일상에 파고든 세상만을 경험하며 자랄 테고, 이 기술을 특별하거나 낯선 존재가 아니라 '기본 환경'으로 받아들일 것이다. 돌이켜보면 스마트폰이 처음 등장했을 때도 마찬가지였다. 처음에는 사용이 어렵고 익숙하지 않다는 이유로 피처폰을 고수하던 사람들도 결국에는 스마트폰이 제공하는 이점을 외면할 수 없었고, 지금은 더 이상 피처폰이 생산되지 않는 시대가 되었다.

샘 올트먼이 전하는 메시지는 분명하다. AI를 두려워하거나 경쟁하려 들지 말고 파트너로 받아들이라는 것이다. AI는 인간에게 부족한 부분을 보완해주고, 인간은 AI가 갖지 못한 공감력과 통찰력으로 그 한계를 메운다. 결국 노동의 정의는 AI와의 경쟁이 아니라 AI와의 협업을 중심으로 다시 쓰이고 있는 것이다.

둘째, AI라는 파트너를 단지 '활용'하는 것을 넘어, '잘' 활용해야 한다는 점이다. 샘 올트먼이 이끄는 오픈AI는 '모든 인류를 이롭게 하는 AI'라는 비전 아래, 누구나 손쉽게 접근하고 활용할 수 있는 방향으로 AI를 발전시키고 있다. 이는 분명 의미 있는 비전이다. 그러나 누구나 '쉽게' 사용할 수 있다는 것과 '잘' 활용할 수 있다는 것은 엄연히 다른 말이다.

예를 들어 잘 벼린 칼 한 자루를 평범한 사람에게 쥐여주면 기껏해야 과일을 조금 더 빠르고 예쁘게 깎는 정도에 그칠 것이다. 그러나 같은 칼이 숙련된 조각가의 손에 들어간다면, 그것은 멋진 조각 작품을 만들어내는 데 사용될 수 있다. 칼의 품질 자체가 아니라 칼을 사용하는 사람의 숙련과 창의성이 최종 결과를 좌우한다는 의미이다.

AI 역시 크게 다르지 않다. 같은 모델을 사용하더라도 어떤 사람은 단순히 기존 업무를 더 빠르고 쉽게 처리하는 데 그칠 수 있지만, 또 다른 사람은 이를 통해 새로운 아이디어를 실현하고 이전에는 불가능했던 방식으로 혁신을 만들어낼 수도 있다. 샘 올트먼 또한 이러한 차

이를 분명히 인식하고 있다. 그는 AI의 잠재력이 기술 자체에 있는 것이 아니라, 그것을 활용하는 사람의 '의지와 창의력'에 달려 있음을 강조한다.

"AI를 활용할 때 답을 알아내는 것보다 어떤 질문을 할 것인지 알아내는 것이 더 중요합니다."

예를 들어보자. 누구나 AI에게 "이 데이터를 분석해줘"라고 '쉽게' 명령할 수 있다. 그러나 진정한 경쟁력은 이러한 질문 자체를 어떻게 설계하느냐에 달려 있다. 예를 들어 단순히 고객 이탈률을 분석하는 것이 아니라, 어떤 요인이 이탈을 유발했는지, 그것을 줄이기 위한 대안은 무엇인지, 나아가 이탈을 막는 것이 정말 바람직한 목표인지까지 질문할 수 있는 사람. 이런 사람이야말로 AI 시대에 진정한 의미의 '문제 해결자'가 될 수 있다.

결국 앞으로의 노동은 '무엇을 얼마나 잘하느냐'보다 '무엇을 왜 하느냐'를 정의할 수 있는 사람에게 유리한 게임이 될 것이다. AI가 만능 도구가 되어갈수록, 인간의 진짜 경쟁력은 역설적으로 '인간다움'에 달리게 된다. AI는 수많은 선택지를 제시하지만, 그중 어느 것이 인간에게 더 나은 삶을 줄 수 있는지를 판단하고 결정하는 일이 인간의 역량이 되는 셈이다.

샘 올트먼은 AI가 인류에 가져올 잠재적 변화에 대해 누구보다 낙관적인 동시에 그 기술이 노동 시장에 미칠 구조적 충격을 결코 가볍게 보지 않는다. 그는 '노동이 사라질 것'이라 단언하지 않는다. 그 대신 노동의 형태가 근본적으로 바뀔 것이라고 확신한다.

과거의 노동이 근력과 체력을 중심으로 한 '물리적 행위'였다면, 오늘날의 노동은 사고력과 숙련이 중심이 된 '지식 활동'에 가깝다. 그러므로 다가올 시대의 노동은 '의지'와 '해석', 그리고 '가치'를 설계하는 새로운 차원의 행위가 될 것이다. AI는 이 전환을 촉진하는 강력한 도구일 뿐, 그 도구의 방향과 쓰임을 결정하는 것은 결국 인간의 몫이다.

노동의 정의는 지금 이 순간에도 조용히 다시 쓰이고 있다. 그리고 어쩌면 그 서문은 지금 우리 세대가 쓰고 있는지도 모르겠다.

혁신의 동력

#스타게이트 프로젝트 #핵융합
#엑소와트 #오클로 #헬리온

Chapter 8

스타게이트 프로젝트

AI 제국을 위한 초거대 인프라

"오픈AI에서 경험하는 가장 기쁜 일 중 하나는 새로운 추론 모델을 내놓으면서 위대하고 전설적인 과학자, 수학자, 코더 등에게 모델을 제공하고, 그들의 생각을 묻고, 이 모델이 그들의 업무를 어떻게 변화시키고 있는지, 그리고 그들이 어떻게 새로운 방식으로 작업할 수 있는지 듣는 것입니다."

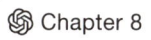

2018년부터 본격화된 미국과 중국의 무역 전쟁은 여전히 현재진행형이다. 이 글로벌 패권 경쟁의 중심에는 다름 아닌 '반도체'가 자리하고 있다. 그중에서도 AI 학습에 필수적인 고성능 GPU는 단순한 상

업용 부품을 넘어, 이제는 국가 안보와 직결된 전략 자산으로 간주되고 있다. 미국은 중국으로의 고성능 GPU 수출을 엄격히 통제하고 있으며, 동맹국들에게도 유사한 조치를 요구할 만큼 민감하게 대응하고 있다. AI 기술이 급속도로 발전하면서, 이를 뒷받침하는 GPU가 국가 경쟁력의 핵심 지표로 부상한 것이다.

이 같은 미국의 과도한 조치는 부작용을 만들어내기도 했다. 대표적인 사례가 최근 중국에서 발표한 '딥시크'다. 딥시크는 고성능 GPU 없이도 챗GPT에 필적하는 성능의 모델을 구현했으며, 개발 비용은 챗GPT의 10분의 1 수준에 불과하다고 주장했다. 이 발표는 GPU의 절대적 지위에 의문을 던졌고, 실제로 엔비디아를 비롯한 글로벌 테크 기업들의 주가가 일시적으로 급락하는 현상으로까지 이어졌다.

그러나 전문가들은 딥시크 모델 역시 실제로는 상당 수준의 고성능 GPU를 활용했을 가능성이 높다고 분석한다. 알파고를 개발한 딥마인드의 CEO 데미스 하사비스는 딥시크가 그동안 보여준 중국의 기술 수준보다 높다고 인정하면서도 기존에 발표된 기술들을 잘 조합하여 효율적인 모델을 만들었을 뿐 혁신은 없었다고 평가한다. 여전히 최고 수준의 AI를 구현하기 위해서는 막대한 연산 자원이 필요하고, 이것이 GPU에서 비롯된다는 점에서 본질적인 변화는 없다는 것이 중론이다.

이처럼 고성능 GPU에 대한 수요가 급증하면서 이를 수용할 수 있는 인프라, 즉 데이터센터의 중요성도 함께 부각되고 있다. AI 모델의 학습과 추론에는 수천수만 개의 GPU가 투입되며, 이를 안정적으로 운영하기 위해서는 초대형 데이터센터가 필수다. 업계에서는 "AI 시대의 데이터센터는 21세기의 석유 정제소"라는 표현이 회자되며, AI 성능의 진화는 최첨단 반도체와 이를 뒷받침하는 인프라에 달려 있다는 인식이 확산되고 있다.

이러한 흐름 속에서 등장한 스타게이트 프로젝트Stargate Project는 그 인식의 방점을 찍었다. 2025년 1월 21일, 트럼프 대통령은 백악관에서 기자회견을 열고, 미국 전역에 대규모 AI 데이터센터를 구축하겠다는 스타게이트 프로젝트를 공식 발표했다. 총 5천억 달러를 투자해 2029년까지 AI 연산 인프라를 국가 주도로 확보하겠다는 계획이다. 미국 역사상 최대 규모의 민간 기술 인프라 투자로서, 중국을 배곯게 만드는 것과 동시에 미국이 더 많이 먹고 더 강한 힘을 확보하겠다는 의지를 보여준 장면이었다.

스타게이트 프로젝트 발표 기자회견에서 트럼프 대통령의 연설을 듣고 있는 소프트뱅크 손정의 회장, 오라클의 엘리슨 회장, 오픈AI의 샘 올트먼(출처: FOX 유튜브)

프로젝트의 시작으로 스타게이트의 첫 데이터센터가 텍사스 애빌린Abilene에서 착공에 들어갔고, 초기 자금 1천억 달러는 이미 집행이 완료된 상태다. 이 프로젝트의 중요성은 참여한 기업들의 면면만 보더라도 쉽게 체감할 수 있다. AI 워크로드에 최적화된 인프라로 클라우드 컴퓨팅 시장의 다크호스로 부상한 오라클Oracle이 기술 전반을 담당하고, 전 세계 스타트업 생태계에 막강한 영향력을 행사하는 소프트뱅크SoftBank와 아부다비 기반의 AI·기술 전문 투자사 MGX가 자금 조달을 책임진다. 여기에 마이크로소프트, 엔비디아, ARM 등 내로라하는 글로벌 기업들이 기술 파트너로 참여할 예정이다.

그런데 이 모든 프로젝트의 중심에는 다소 의외의 조직이 놓여 있다. 바로 오픈AI다. 오픈AI가 세계 최고의 AI 기술력을 갖춘 조직임은 분명하지만, 5천억 달러에 달하는 규모의 초대형 프로젝트를 이끌기에 과연 적합한가 하는 의문이 드는 것도 무리는 아니다. AI 분야에서 독보적인 성과를 내온 조직임에는 분명하지만, 데이터센터 구축이나 초대형 인프라 설계에서 전문성을 입증한 적은 없기 때문이다. 게다가 이들은 이제 막 설립 10년 차가 된 신생 조직이며, 본격적으로 주목을 받은 지도 고작 몇 년에 불과하다. 이런 오픈AI가 어떻게 미국의 전략적 기술 프로젝트의 총괄 역할을 맡게 되었을까?

이 의문에 대한 해답은 의외로 간단하다. '스타게이트'라는 프로젝트 자체가 원래 오픈AI의 아이디어에서 출발했기 때문이다. 오픈AI는 명실상부 전 세계에서 가장 많이 사용되는 AI 서비스를 실시간으로 운영하고 있는 조직이다. 여기서 '운영'이란 단순한 모델 개발을 넘어, 이를 수십억 명의 사용자에게 안정적으로 제공하기 위한 전반적 시스템 구축과 관리까지 포함되는 개념이다.

이 과정에서 오픈AI는 누구보다 먼저, 그리고 누구보다 절실하게 대규모 데이터센터의 필요성을 체감했다. 이는 2025년 초 GPT-4o 기반의 '지브리 스타일 이미지 변환' 기능이 큰 인기를 끌었을 때 극명하게 드러났다. 당시 샘 올트먼은 이례적으로 "GPU가 녹아내리고 있다"며 불가피하게 생성량에 제한을 걸게 되었다고 사과하기도 했다. 챗GPT는 이제 텍스트 생성을 넘어 음성, 이미지, 영상 등 멀티모달 결과물까지 제공하고 있으며, 이로 인해 GPU 자원의 소비는 이전보다 훨씬 더 가파르게 증가하고 있다.

이러한 배경에서 오픈AI는 파트너사인 마이크로소프트와 함께 AI 슈퍼컴퓨팅 인프라 구축을 본격적으로 논의하게 된다. 당시 이들이 설정한 초기 목표는 1천억 달러 규모였다. 그러나 시간이 흐르면서 상황이 복잡해졌다. 마이크로소프트 내부에서는 오픈AI에 지나치게 의존한다며 우려하는 목소리가 제기됐고, 대규모 투자에 대한 신중론도 점차 확산됐다.

이러한 분위기 속에서도 샘 올트먼은 프로젝트를 포기하지 않았다. 그는 곧바로 다른 투자 파트너를 물색했고, 그 결과 소프트뱅크와 아부다비 기반의 투자사 MGX가 자금 파트너로 새롭게 합류하게 된다. 스타게이트 프로젝트의 기술 파트너가 최종적으로 마이크로소프트가 아닌 오라클로 결정된 배경 역시 마이크로소프트의 이와 같은 소극적인 태도 변화와 무관하지 않다.

한 가지 흥미로운 점은 미국 정부가 이 프로젝트에 직접적인 자금을 투입하지 않는다는 것이다. 그 대신 정부는 입지 선정, 인허가, 기반 인프라 확보 등 행정적 측면에서 신속하고 적극적인 지원을 제공할 계획이다. 이러한 방식으로 미국은 AI 기술 주도권을 확보하는 동시에 데이터센터 건설과 운영 과정에서 수십만 개의 일자리 창출과 관련 산업 전반에 걸친 경제적 파급 효과를 기대하고 있다.

그렇다면 이렇게 만들어진 인프라는 누구의 손에 쥐어질까? 당연한 이야기지만 프로젝트를 총괄하는 오픈AI가 그 주체다.

〈파이낸셜 타임스Financial Times〉 보도에 따르면, 스타게이트 프로젝트로 구축되는 대규모 데이터센터는 오픈AI가 독점적으로 사용할 계획이다. 물론 일각에서는 5천억 달러에 달하는 자금 조달 계획의 현실성에 의문을 제기하곤 한다. 하지만 이 프로젝트가 계획대로 완수된다면, 오픈AI는 단일 기업으로는 전례 없는 규모의 AI 전용 인프라를 갖추게 된다. 이는 단순한 연산 자원 확보를 넘어, AI 개발의 속도, 실험 범위, 그리고 서비스 안정성 측면에서 경쟁사를 압도하는 절대적 우위를 얻는다는 뜻이다.

이 대목에서 잠시 샘 올트먼의 사업가적 수완을 짚고 넘어가지 않을 수 없다. 흥미롭게도 그는 여러모로 도널드 트럼프Donald Trump 대통령과는 대척점에 선 인물이다. 샘 올트먼은 기본적으로 민주당을 지지하는 인물로, 조 바이든Joe Biden, 카멀라 해리스Kamala Harris를 포함해 주요 민주당 인사들에게 정치자금을 기부해온 이력이 있다. 또한 2016년에는 트럼프가 미국에 전례 없는 위협이라는 글을 남기기도

했다.

게다가 샘 올트먼은 공개적으로 동성과 결혼한 인물인데, 트럼프는 성소수자 권리에 대해 보수적인 입장을 고수해온 정치인이다. 여기에 더해 샘 올트먼은 트럼프가 대선 캠프를 꾸릴 당시에 많은 지원 사격을 해주고, 그 공로를 인정받아 주요 요직에 앉아 있는 일론 머스크와도 앙숙 관계이다. 이러한 맥락을 고려하면 트럼프 대통령이 샘 올트먼을 좋아하려야 좋아할 수가 없어 보인다. 그럼에도 불구하고 샘 올트먼은 5천억 달러 규모의 AI 인프라 프로젝트를 미국 대통령의 공식 지지 속에서 이끌어내는 데 성공했다.

"AGI가 미국에서 개발되기 위해서는
트럼프 대통령의 리더십이 필요했습니다."

그렇다면 샘 올트먼은 어떻게 트럼프 대통령의 마음을 움직일 수 있었을까? 핵심은 '기술'이 아니라 '패권'에 있었다. 샘 올트먼은 AI가 단지 산업적 도구가 아니라, 미국의 지정학적 영향력을 강화할 전략 자산임을 누구보다 설득력 있게 설명할 줄 아는 인물이었다. 그는 스타게이트 프로젝트를 중국과의 패권 경쟁에서 미국이 우위를 점할 수 있는 디지털 냉전의 전략 요충지로 포지셔닝했다. 트럼프 대통령이 가장 민감하게 반응하는 '미국 우선주의' '제조업 부활' '중국 견제' 등을 정확히 겨냥한 것이다. 실제로 샘 올트먼은 트럼프 대통령 임기 내에 AGI를 실현하겠다는 목표를 제시하기도 했다.

데이터센터 입지 선정에서도 올트먼의 전략은 돋보였다. 텍사스, 애리조나 등 보수 성향이 강한 지역에 데이터센터를 집중 배치함으로써, 지역 기반의 정치적 이해관계까지 절묘하게 엮어낸 것이다. 그는 이들 지역에서 수십만 개의 일자리가 창출될 거라고 강조하며, 트럼프가 중시하는 전통적 제조업 일자리 회복이라는 어젠다와도 효과적으로 연결시켰다.

이 장면은 샘 올트먼의 기술적 통찰뿐만 아니라, 정치적 현실을 돌파해내는 외교력과 설득력을 동시에 보여주는 상징적 사례라 할 수 있다. AGI를 개발하고 이를 대중적으로 활용하기 위해서 대규모 데이터센터는 필수적이었다. 더욱이 빅테크 기업들 간의 경쟁이 치열해지고, 오픈AI의 영향력이 상대적으로 흔들리던 시점에서 이 프로젝트는 올트먼에게 절묘한 반전의 기회가 되어주었다. 스타게이트를 통해 그는 다시 한 걸음, 아니 두 걸음 앞서 나가며 AI 패권 경쟁에서 주도권을 강화할 수 있었다.

Chapter 9

핵융합 에너지

AI 시대 전력난의 해법

"삶의 질과 에너지 비용 사이에는 엄청난 상관관계가 있습니다."

우리가 자동차를 구매할 때 가장 중요하게 따지는 조건 중 하나는 '엔진'이다. 속도, 가속력, 전반적인 퍼포먼스가 모두 엔진 성능에 달려 있기 때문이다. 일상용 소형차에는 작고 효율적인 엔진이 적합하지만, 레이싱카처럼 빠르게 목표에 도달해야 하는 경우엔 고출력 엔진이 필수다. 이러한 관점에서 AI 슈퍼컴퓨팅 데이터센터는 일종의 슈퍼카에 비유할 수 있다.

문제는 고성능 엔진이 빠른 속도를 가능하게 해주는 동시에, 그만

큼 많은 연료를 소비한다는 점이다. 아무리 뛰어난 엔진이라도 연료가 충분하지 않으면 제 성능을 온전히 발휘할 수 없다. AI 슈퍼컴퓨팅 데이터센터 역시 수십만 개의 고성능 GPU를 통해 AI 모델을 빠르게 학습시켜 AGI라는 목표에 도달할 수 있도록 돕지만, 여기에는 상상을 초월하는 수준의 전력이 반드시 뒷받침되어야 한다.

실제로 엔비디아의 최신 GPU는 세대를 거듭할수록 와트당 성능 효율은 개선되고 있지만, 절대적인 전력 소모량은 계속해서 증가하고 있는 추세다. 모델이 정교해지고 멀티모달 기능이 추가될수록 더 많은 연산이 필요하고, 결과적으로 더 많은 에너지가 요구된다.

모델	발매 연도	TDP (열 설계 전력)	FP16 Tensor 성능(테라 플로팅 포인트 연산 속도)	와트당 성능
V100	2017	300W	125TFLOPS	0.417TF/W
A100	2020	400W	312TFLOPS	0.78TF/W
H100	2022	700W	1,000TFLOPS	1.43TF/W

엔비디아 GPU 모델별 성능 및 효율(출처: NVIDIA)

즉, AI의 진보는 컴퓨팅 능력만으로는 완성되지 않는다. 그것을 실제로 '움직이게' 만들기 위해서는 막대한 에너지가 필수다. 어쩌면 지금 우리에게 진짜 필요한 혁신은 AI 그 자체가 아니라, '혁신을 움직이는 데 필요한 에너지의 혁신'일지도 모른다. 이 혁신의 필요성을 샘 올트먼이 모를 리 없다.

오늘날 가장 많이 사용되는 AI 서비스가 챗GPT이지만, 여전히 오픈AI는 적자를 면하지 못하고 있다. 혁신적인 서비스 개발과 운영을 위해 천문학적인 인건비가 들어가는 이유도 있겠지만, 보다 더 큰 이유는 챗GPT 운영에 들어가는 에너지 비용이 수익보다 크기 때문이다. 대화 한 번, 이미지 한 장, 동영상 몇 초를 생성할 때마다 수백 와트에 달하는 전력이 소비되며, 이 모든 것을 실시간으로 처리하는 데 필요한 GPU 클러스터는 상상을 초월하는 전력 소모를 유발한다.

"컴퓨팅은 미래의 통화가 될 것입니다.
어쩌면 세상에서 가장 귀중한 자원일 수도 있습니다.
컴퓨팅 가격이 저렴하면 일반인들도 AI 서비스를
부담 없이 사용할 수 있지만, 그게 아니라면 우리는 단지
암 치료 등 연구 목적으로만 사용할 수 있을 겁니다.
엄청난 양의 컴퓨팅 성능을 활용하려면
그만큼의 에너지가 수반되어야 합니다.
저는 이것을 해결해줄 수 있는 수단으로
핵융합을 생각하고 있습니다."

AI는 새로운 형태의 연산 자본주의를 요구하고 있으며, 그 핵심에는 전력이라는 실물 자원이 자리한다. 글로벌 에너지 관리기업 슈나이더 일렉트릭Schneider Electric에 따르면, 전 세계 AI 시스템 운영에 필요한 전력량은 이미 중소 국가 전체의 연간 전력 소비량과 맞먹는다. 앞으로 AI 수요가 더 급증할 것을 고려하면 현존하는 에너지 시스템만으로는 이를 감당하기 어려울 것으로 예상된다.

게다가 현재까지 인류가 사용하는 주된 에너지원은 석유, 석탄, 가스와 같은 화석연료다. 이 에너지원은 환경 오염은 물론, 고갈 가능성과 에너지 빈곤 문제까지 안고 있다. 즉, 지속 가능한 미래의 해답이 될 수 없다는 의미이다.

화석연료의 대안으로 가장 먼저 거론됐던 원자력 발전 역시 완벽한 해결책이 되지 못하고 있다. '핵분열' 방식의 원전은 수백 년간 안전하게 보관해야 하는 방사능 폐기물을 발생시키며, 치명적인 사고 가능성 또한 완전히 배제할 수 없다. 우리가 잘 알고 있는 체르노빌 원자력 발전소 사고 현장이 30년이 지난 지금까지도 출입 금지 구역으로 남아 있는 것 역시 이러한 방사능 위협 때문이다.

**"경제 문제, 환경 문제, 전쟁, 빈곤, 식량 및
물의 가용성, 세계화의 부작용 등 많은 이슈가
에너지 문제와 깊이 관련되어 있습니다.
전 세계 사람들에게 가장 큰 도움을 줄 수 있는
단 하나의 기술 개발을 선택하라면
저는 획기적으로 나은
에너지 생성 기술을 선택할 것입니다.
역사적으로 보면 에너지 비용이 낮아질수록
삶의 질은 상승해왔습니다."**

이러한 이유에서 샘 올트먼이 주목한 것이 바로 '핵융합'이다. 핵융합은 태양이 에너지를 만들어내는 방식이다. 핵분열과는 상반되는 현상으로, 수소 원자 2개가 결합하면서 엄청난 에너지를 방출하는데, 이 과정에서 방사능 폐기물이 거의 발생하지 않는다. 특히 주된 원료인 중수소는 바닷물에서 얻을 수 있기에 사실상 무한한 공급이 가능하다. 이론적으로만 본다면 이상적인 청정 에너지다.

청정 에너지 개발이라는 꿈을 실현하기 위해 올트먼은 직접 회사를 설립하는 것을 고려했으나, 이는 곧 현실적인 한계에 부딪혔다. 에너지 산업은 다른 어떤 분야보다도 깊은 과학적 지식과 풍부한 엔지니어링 경험을 필요로 했기 때문이다. 게다가 당시는 그가 YC의 수장으로 활동하던 시기였다. 고민 끝에 올트먼은 잠재력을 가진 에너지 스타트업을 찾아 투자하는 것으로 방법을 선회했다.

그렇게 수많은 에너지 기업들을 면밀히 검토한 결과 선택된 기업이 바로 헬리온Helion이다. 샘 올트먼은 2014년 950만 달러의 시드 투자를 시작으로 2021년 시리즈 E 투자 라운드에서는 무려 3억 7,500만 달러의 개인 자금을 헬리온에 투자했다. 이는 샘 올트먼의 투자 중 가장 규모가 큰 금액으로 알려져 있다. 특히 2014년은 오픈AI를 설립하기 전으로, 샘 올트먼이 본질적으로 추구하는 가치의 우선순위가 무엇인지를 보여주는 대목이 아닐 수 없다. 깐깐하기로 소문난 샘 올트먼이 수많은 에너지 기업 가운데 유독 헬리온에 주목한 이유는 무엇일까?

가장 큰 이유는 헬리온의 상업적 가능성에 있다. 기존의 핵융합 에너지 개발 방식으로는 반응을 제어하기 위해 소비되는 에너지가 생성되는 에너지보다 많았다. 배보다 배꼽이 더 큰 상황이 이어진 것이다. 헬리온은 이러한 한계를 극복하기 위해 완전히 새로운 과학적 접근 방식과 시스템 설계를 시도했다. 비록 비주류 방식으로 여겨지긴 했지만, 혁신을 통해 새로운 가능성을 제시하면서 샘 올트먼의 지갑을 여는 데 성공했다. 간단히 정리하면 다음과 같다.

1) 펄스 비점화 방식

전통적인 핵융합 장치는 '점화ignition' 상태를 지속적으로 유지해야 한다. 이는 마치 캠핑용 가스버너처럼 불을 계속 켜놓는 방식으로, 엄청난 에너지와 비용이 들어간다. 반면 헬리온이 선택한 '펄스' 방식은 자동차 엔진의 피스톤처럼 짧은 순간에 반응을 일으키고 멈추는 식이어서 훨씬 더 효율적이고 관리하기 쉽다.

2) 직접 전기 생산

전통적인 핵융합 장치는 핵융합으로 발생한 열로 물을 끓이고, 그 증기로 터빈을 돌려 전기를 생산한다. 이 과정에서 상당한 에너지 손실이 발생하는데, 헬리온은 플라스마가 만들어내는 자기장을 이용해 직접 전기를 생산한다. 이는 마치 자전거 발전기처럼 중간 과정 없이 바로 전기를 만들어내는 것과 유사한 것으로, 에너지 변환 과정에서 일어날지 모를 손실을 줄이고 효율을 높이는 데 유리하다.

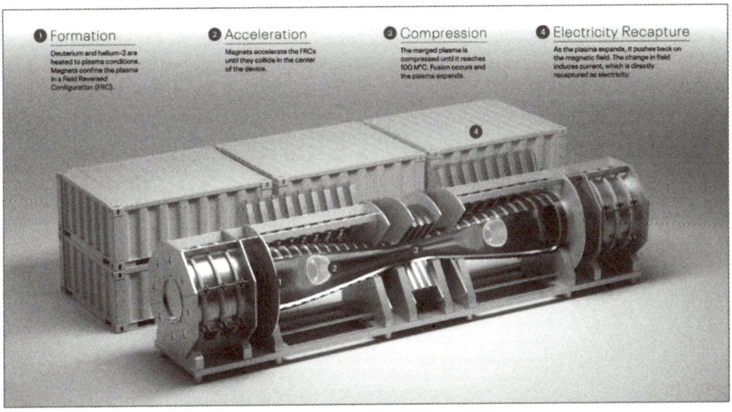

헬리온의 핵융합 모델(출처: Helion)

3) 연료

전통적인 핵융합 장치는 중수소와 삼중수소를 연료로 사용하는 반면, 헬리온은 헬륨-3를 사용한다. 이 때문에 방사성 폐기물을 획기적으로 줄일 수 있다. 다만 헬륨-3의 안정적인 공급이 과제로 남아 있으며, 달 표면 채굴이나 인공적인 생산 방식 등 다양한 해결책을 연구하는 중이다.

물론 아직 모든 것이 실험 단계다. 상업화까지 갈 길은 멀고, 성공은 장담할 수 없다. 그러나 샘 올트먼은 가능성에 투자했고, 그 선택은 결과적으로 마이크로소프트와의 2028년 에너지 공급 계약이라는 성과로 이어졌다. 이는 헬리온이 단지 연구소 안에서 이루어지는 모델 개발 수준을 넘어 실용화를 향한 첫걸음을 내디뎠음을 보여준다.

결국 AI의 미래는 에너지의 미래이기도 하다. 우리는 지금 인간을 닮은 AI를 꿈꾸고 있다. 하지만 그 AI가 계속해서 학습하고 대화하며 움직이기 위해서는 '먹을 것', 즉 에너지가 끊임없이 필요하다. 인공지능이 인간의 일과 삶을 대신해줄수록, 그것을 움직이는 동력 또한 점점 더 중요한 문제로 부상하게 될 것이다.

그렇기에 샘 올트먼은 혁신을 이루는 것만큼이나 그 혁신이 계속 작동할 수 있는 기반을 만드는 데에도 집착에 가까운 관심을 기울이고 있다. 그리고 그 기반의 핵심은 단순한 계산 능력을 넘어서는 '무한한 에너지'다.

Chapter 10

에너지 전략의 다층 구조

엑소와트에서 헬리온까지

**"아이디어는 쉽고 저렴하며,
그 종류도 다양합니다."**

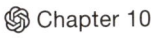

헬리온의 성장 가능성이 크다는 것은 부정할 수 없지만 가장 큰 변수는 상업화 시점이다. 2028년부터라고 예정된 마이크로소프트와 전력 공급 계약을 이행할 수 있을지에 대해서 회의적인 시각을 보이는 전문가들도 많다. 그만큼 핵융합은 여전히 극복해야 할 기술적 난제가 많은 분야이기 때문이다. 그러나 AI 기술의 발전은 헬리온을 기다려주지 않는다. 글로벌 빅테크 기업들 간의 경쟁이 치열해지면서, AI 산업의 성장은 예상을 훌쩍 뛰어넘는 속도로 진행되고 있다. 이에 따

라 데이터센터의 전력 수요는 날이 갈수록 가파르게 증가할 것으로 보인다.

참고로 챗GPT와 같은 대규모 AI 모델은 한 번의 질의에 구글 검색 대비 약 10배에 달하는 전력을 소비하는 것으로 알려져 있다. 또한 현재 추세대로라면 2030년경에는 데이터센터가 미국 전체 전력 사용량의 25퍼센트를 차지할 수 있다는 경고도 나오고 있다.

"저렴한 에너지는 빈곤 감소에 큰 도움이 될 것입니다.
새로운 에너지원은 기존 에너지원보다 저렴해야 하며,
보조금이 없어도 되며, 세계적 수요에 맞춰
확장할 수 있어야 합니다.
발전 외에 에너지 저장 및 전송에도 관심이 있습니다.
10배 더 나은 배터리는 새로운 세상을 열어줄 것이고,
에너지를 쉽게 이동할 수 있는 능력도 마찬가지입니다."

이러한 흐름 속에서 샘 올트먼은 헬리온에만 의존하지 않고, 다음과 같은 단기·중기·장기를 아우르는 다층적 에너지 전략을 구상하고 있다.

단기	중기	장기
태양광 및 저장 기술	소형 모듈 원자로	핵융합 발전

이 가운데 샘 올트먼이 단기 전략으로 주목한 기업이 바로 엑소와트Exowatt다. 이 기업은 태양 에너지를 효율적으로 저장하고 활용할 수 있는 모듈형 재생 에너지 시스템을 개발하고 있다. 샘 올트먼은 2024년 이 스타트업의 시드 라운드에 2천만 달러를 투자하며 주요 투자자로 참여했다. 이러한 선택은 청정 에너지 확보에 대한 그의 일관된 철학을 확인할 수 있는 대목이다.

엑소와트가 개발 중인 'P3 시스템'은 약 12미터 길이의 컨테이너형 모듈로, 상단에 설치된 특수 집광 렌즈가 햇빛을 열에너지로 변환한다. 이렇게 생성된 고온의 열은 값싼 고체 물질에 최대 24시간 저장되며, 필요할 때 내장된 열기관을 통해 전기로 변환해 공급할 수 있다. 일반적인 태양광 패널이 햇빛이 있을 때만 전력을 생산하는 것과 달리, 엑소와트 시스템은 저장 기반 생산 방식으로 태양광의 간헐성 문제를 극복한다. 이를 통해 밤이나 흐린 날에도 전력 공급이 가능하다

엑소와트가 공개한 P3 시스템(출처: Exowatt)

는 점이 큰 강점이다.

엑소와트의 CEO 하난 파르비지안Hannan Parvizian은 "데이터센터의 에너지 수요를 충당하기 위해 화석연료를 다시 사용하는 것은 시대를 거스르는 일"이라며, 태양열 저장 방식을 이용하면 화석연료 없이도 충분한 전력 공급이 가능하다고 강조한다. 특히 엑소와트의 모듈형 시스템은 대규모 태양광 농장이나 배터리 없이도 데이터센터 현장에서 필요한 전력을 바로 공급할 수 있어 즉각적인 수요 대응력도 갖추고 있다.

실제로 엑소와트는 AI 붐으로 급증한 전력 수요에 대응하기 위해 제품 생산에 박차를 가하고 있으며, 이미 데이터센터 운영사들로부터 90GWh(기가와트시)가 넘는 전력 공급 요청을 예약받는 등 업계에서 높은 관심을 끌고 있다. 올트먼의 투자를 발판으로 엑소와트는 미국산 부품을 사용해 인플레이션감축법IRA의 보조금 혜택 효과를 극대화하고 있으며, 동시에 보조금이 적용되지 않더라도 1kWh(킬로와트시)당 1센트 수준의 초저가 전력을 공급할 수 있는 모듈 양산을 목표로 하고 있다.

올트먼의 중기 전략으로 선택된 곳은 오클로Oklo다. 이 스타트업은 기존 원전의 10분의 1 크기로 제작되는 차세대 소형 모듈 원자로SMR 기술을 개발했는데, 물 대신 용융된 납을 냉각제로 사용해 안전성과 효율성을 크게 높였다고 평가받는다. 특히 전통적인 대형 원전이 방대한 부지 확보, 복잡한 인허가 절차, 대규모 인프라 구축 등으로 평균 10년 이상의 건설 기간이 소요되는 데 비해, 오클로는 이를 3년으

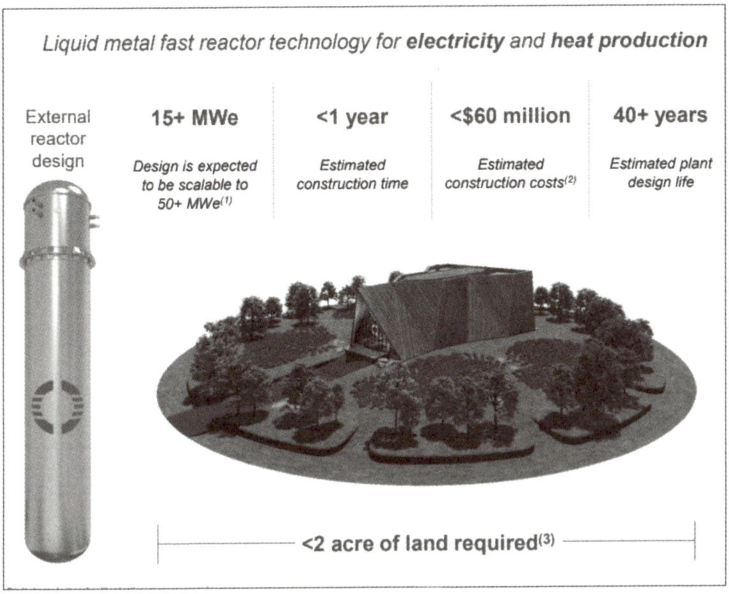

오클로의 오로라 파워하우스(출처: Investor Presentation, July, 2023)

로 단축할 수 있어 향후 수년 내에 지속 가능한 기저 전력 공급원을 제공할 것으로 기대를 모으고 있다.

기술적으로 조금 더 자세히 살펴보면, 오클로는 액체 금속 냉각 고속로라는 4세대 원자로 설계를 채택하고 있다. 주력 모델인 오로라 파워하우스Aurora Powerhouse는 15MWe(메가와트 전기)의 출력을 기반으로 하며, 모듈을 추가하면 최대 50MWe까지 확장할 수 있다. 한 번 연료를 장전하면 10년 이상 교체 없이 운전이 가능해, 유지비와 운영 리스크를 동시에 줄일 수 있는 구조다.

특히 공장에서 모듈 형태로 제작 후 현장으로 운송해 설치하는 방식이기 때문에 건설 속도가 빠르고 초기 비용이 낮다는 장점이 있다.

더불어 같은 부지에 여러 대의 기기를 배치에 출력을 탄력적으로 조정할 수 있어 확장성 면에서도 유리하다.

물론 소형 원자로라고 해도 핵폐기물이 나오는 것은 마찬가지다. 이는 청정 에너지를 지향하는 샘 올트먼의 철학에 위배되는 것이라 할 수 있다. 그러나 오클로는 핵폐기물을 재활용할 수 있다는 점에서 기술적 차별성을 갖는다. 미국 에너지부와 협력해 실험용 고속로 EBR-II의 폐연료에서 고순도 저농축 우라늄HALEU을 추출하는 데 성공했으며, 이 방식을 통해 폐연료에 남은 90퍼센트 이상의 에너지를 다시 활용해 고준위 핵폐기물의 양을 크게 줄일 수 있게 되었다. 단순한 전력 생산을 넘어 '폐기물을 깨끗한 에너지로 전환하는' 지속 가능한 원자력 모델을 실현하고 있는 셈이다.

무엇보다 오클로의 가장 큰 강점은 날씨나 계절의 영향을 받지 않는, 24시간 안정적인 전력 공급 능력이다. 앞서 엑소와트가 저장해둔 열 에너지를 필요할 때 전기로 전환하여 사용할 수 있다고 했지만, 장마와 같이 오래도록 햇빛을 받지 못하는 경우까지 보완할 수는 없다. 이 탓에 완벽한 청정 에너지 수급원이라고 볼 수는 없지만 태양광과 풍력 등 재생 에너지가 가진 한계를 극복하면서도 안정적인 전력을 공급할 수 있다는 대안으로 선택된 것이다.

이러한 특성 덕분에 오클로 역시 미국 내 다수의 데이터센터 및 산업체와 전력 공급 계약을 체결하고 있다. 대표적으로 2024년 말 데이터센터 기업 스위치Switch와 2040년대까지 총 12GW(기가와트) 규모의 소형 모듈 원자로 전력 공급을 추진하는 장기 협약을 맺었다. 이 협약을 통해 오클로는 여러 지역에 소형 모듈 원자로 발전소를 건설하고, 구글과 엔비디아 등 대형 IT 기업이 운영하는 데이터센터에 청정 전력을 장기간 공급할 예정이다.

물론 아직까지 미국 원자력규제위원회NRC의 엄격한 허가 절차라는 과제가 남아 있는 것도 사실이다. 그러나 샘 올트먼의 강력한 자금 지원과 전략적 파트너십, 그리고 소형 모듈 원자로 기술에 대한 확고한 비전은 오클로가 2030년 이전에 탄소 없는 안정 전력망 건설을 실현할 유력 주자로 자리 잡도록 도울 것이다. 이는 곧 핵융합의 상용화 이전 시기를 메우는 AI 시대의 기저 전력 솔루션으로서 오클로의 가치가 더욱 커질 것임을 시사한다.

샘 올트먼의 에너지 투자를 살펴보면 단기와 중기, 장기 전략이 체계적으로 정렬되어 있음을 알 수 있다. 오클로와 헬리온은 시간적 전망과 기술적 특성이 명확히 구분된다. 오클로는 이미 검증된 핵분열 원리에 기반한 기술을 바탕으로, 2020년대 후반 첫 상용 원자로 가동을 목표로 삼고 있다. 이에 비해 헬리온의 핵융합 기술은 아직 실증 단계를 거치지 않은 도전적 분야로서, 2020년대 말까지 초기 프로토타입을 선보이는 것이 목표다.

환경적 측면에서도 두 기술은 상호보완적이다. 오클로는 기존 핵폐기물을 재활용하며 일정량의 방사성 폐기물을 여전히 생산하지만, 헬리온의 핵융합은 이론적으로 장기 방사선 폐기물을 거의 남기지 않는 근본적 해결책이다. 이처럼 오클로는 현실에 기반한 에너지 문제 해결의 가교 역할을, 헬리온은 궁극적인 기술 돌파구 역할을 하도록 설계되었다. 올트먼은 시간차를 두고 이 두 축을 병렬적으로 추진함으로써, 기술 불확실성을 최소화하고 에너지 공급의 연속성을 확보하려는 전략을 세운 것이다.

정리하자면 올트먼의 다층적 에너지 전략은 다음과 같이 작동한다.

- 엑소와트를 통해 단기적인 전력 수요에 민첩하게 대응하고,
- 오클로를 중기적 안정성과 확장성을 갖춘 전력망으로 구축하며,
- 헬리온을 통해 장기적으로 AI 시대의 에너지 문제를 근본적으로 해결한다.

바로 이것이 샘 올트먼이 구상하는 다층적 에너지 전략의 완성형 그림이다. 이러한 다층적 에너지 투자 전략은 단순한 자산 분산을 넘어, 그의 기술 철학과 미래 비전을 그대로 반영하는 실행 로드맵이다. 그는 AI 혁신의 지속 가능성을 가로막는 최대 장애물을 '에너지'로 규정하고, 이에 대한 해법을 단기·중기·장기라는 시간의 축에 따라 병렬적으로 추진하고 있다.

세계경제포럼(다보스) 무대에서 그는 "AI의 미래는 에너지 혁신에 달려 있다"는 강한 메시지를 남겼다. AI가 요구하는 막대한 연산 자원을 고려할 때, 현재의 에너지 인프라만으로는 미래 수요를 감당할 수 없으며, 획기적인 돌파구를 마련하지 못한다면 지속적인 발전이 불가능하다는 것이다.

그는 당장 활용 가능한 태양광 저장 기술에 먼저 투자하여 엑소와

트를 통해 현실적인 전력 공급 기반을 마련했고, 오클로의 차세대 소형 원자로를 통해 중기적 에너지 안정성을 확보하고 있다. 동시에 가장 높은 기술적 잠재력을 지닌 헬리온의 핵융합 발전에 과감히 베팅하며, 먼 미래까지를 내다본 전략적 포지셔닝을 마쳤다.

이러한 접근은 그가 꾸준히 강조해온 '풍요의 미래abundant future'라는 비전과도 맞닿아 있다. 올트먼은 AI의 발전뿐 아니라 인류 전체 삶의 질이 도약하기 위해서는 에너지의 구조적 전환이 필수라고 보고 있으며, 단기 상용 기술과 장기 혁신 기술에 동시 투자함으로써 리스크를 분산하면서도 연속적인 혁신의 흐름을 만들어가고 있다.

이러한 방식은 하나의 정답에 모든 것을 걸기보다는 다양한 해법을 동시에 펼쳐 놓고 각각의 가능성을 전략적으로 시험하는 체계적 접근법이다. 엑소와트와 오클로는 AI 산업의 전력 병목을 해소하면서 기후변화 대응까지 고려한 실용적 선택이며, 헬리온은 한 세대 이후를 바라본 선제적 투자다. 샘 올트먼의 이러한 다층 전략은 AI와 에너지의 운명적 연결 고리를 누구보다 먼저 인식한 결과물이며, 그의 통찰력과 장기적 안목을 상징하는 대표적인 사례로 평가할 수 있다.

그러나 기술 인프라와 에너지 혁신이 완성된다 하더라도 여전히 근본적인 질문은 남는다. 이 모든 혁신이 가져올 풍요와 부는 누구에게 돌아갈 것인가? AI와 자동화가 인간의 노동을 대체하면서 발생할 경제적 불평등과 사회적 혼란은 어떻게 해결할 것인가? 샘 올트먼은 기술 인프라만큼이나 경제 시스템의 재설계도 필수적이라고 보았다. 이제 인류의 공존과 번영을 위한 그의 경제 비전을 살펴볼 차례다.

Part 4

새로운 경제 시스템의 설계

#불평등 해결 #기본소득
#월드코인 #범용 기본 컴퓨팅

SAM ALTMAN, THE VISION 2030

Chapter 11

기술 발전의 역설

부의 집중과 불평등 심화

"우리는 상당히 가파른 개선 궤도에 있으며, 현재 모델의 단점은 미래 세대가 해결해줄 것이라고 믿습니다. 그리고 저는 사람들이 이러한 방향에 동참하기를 바랍니다."

부자가 되는 방법에는 크게 두 가지가 있다. 하나는 악착같이 아껴서 돈을 모으는 방법. 또 하나는 많이 벌어서 많이 모으는 방법. 물론 이 2가지가 결합될 때 가장 빠르게 돈을 모을 수 있지만, 둘 중 하나만 확실히 하더라도 부자가 될 수 있다. 샘 올트먼은 후자의 방법을 선호하는 인물이다. 다만 그 스케일이 압도적으로 클 뿐이다.

특히 샘 올트먼이 부를 키우는 방법의 핵심은 역시 '기술'에 있다. 과거에는 능력과 근면함이 부의 차이를 만들었고, 그 차이는 대체로 선형적이었다. 그러나 기술이 모든 사업에서 지배력을 발휘하게 되면서부터 능력이나 자본의 아주 작은 차이도 결과 면에서 엄청난 격차를 만들어내고 있다. 한 명의 개발자가 만든 앱이 수억 명의 사용자에게 즉시 배포될 수 있고, 뛰어난 아이디어가 단기간에 전 세계를 사로잡을 수 있게 되었다.

문제는 이런 변화가 대부분의 사람들에게 '창조자'의 자격을 부여하지 못한다는 점이다. 부의 원천은 소수의 테크 엘리트에게 집중되고, 나머지는 소비자 혹은 '잉여 노동력'으로 전락하고 만다. 이런 구조에서는 자연스럽게 상위 1퍼센트의 영향력과 수익이 폭발적으로 증가한다.

**"번영하는 샌프란시스코와 파산한 디트로이트처럼,
우리는 가진 자와 가지지 못한 자의 나라가 되어가고
있습니다. 샌프란시스코의 평균 집값은 약 백만 달러입니다.
디트로이트의 평균 집값은 그곳에서 생산된
쉐보레 말리부보다 저렴합니다. 그럼에도 불구하고
저는 샌프란시스코의 백만 달러짜리 집이
디트로이트의 5만 달러짜리 집 20채보다 더 나은 투자라고
생각합니다. 기술의 끊임없는 발전이 계속되면서 사라진
일자리는 다시 돌아오지 않고 있으며,**

사라진 일자리에 의존하는 도시들은 심각한 상황에 처해 있습니다."

샘 올트먼은 이 구조가 자본주의의 한계이자, 기술 문명의 근본적인 역설이라고 본다. 기술이 진보할수록, 그 혜택은 모두가 아닌 일부에게 돌아간다는 인식은 그가 기술의 발전과 동시에 공정한 분배를 고민하게 된 근거다.

올트먼은 '기회의 평등'이 일정 수준의 부에 대한 접근 없이는 존재할 수 없다고 단언한다. 이는 단지 경제적 의미가 아니다. 교육, 네트워크, 창업 기회, 기술 습득에 이르기까지, 현대 사회에서 기회의 조건은 대부분 자산 기반에서 결정된다. 그 결과, 기술을 만들 수 있는 사람과 단지 사용만 하는 사람 간의 간극은 계속 벌어진다.

특히 앞서 살펴봤듯 오늘날의 세상에서는 제조 비용이 0에 가까워지고 있다. 점점 더 적은 수의 사람들이 점점 더 많은 부를 창출하는 상황이 펼쳐질 것이다. 이에 대해 샘 올트먼은 최저임금 제도와 같은 기존의 전통적인 해결책은 도움이 되지 못한다고 말한다.

기술은 부를 만들지만 동시에 사람들의 일자리를 없앤다. 이미 자동화는 제조업과 단순 사무직의 대규모 감축을 이끌어냈고, 앞으로는 고객 응대, 콘텐츠 제작, 심지어 전문직 영역까지 AI가 대체할 것으로 전망된다. 그럼에도 AI 기술의 최전선에 있는 올트먼은 기술 발전을 멈출 생각이 없다.

**“그들은 상대적으로 더 적은 가치를 만들어가고 있지만,
분명한 것은 저보다 더 열심히 일하고 있다는 사실입니다.
우리가 그들을 더 도와야 합니다.”**

오히려 그는 기술 발전의 속도를 늦추는 것이 아니라, 더욱 가속화하여 ‘압도적인 기술’ 수준에 도달하는 것이야말로 역설적으로 불평등 문제를 해결하고 새로운 차원의 평등을 달성케 할 수 있다고 믿는다. 앞서 살펴봤던 피규어 AI는 인간형 로봇을 통해 단순 노동의 구조 자체를 바꾸려 하고 있으며, 헬리온은 전기 생산 단가를 획기적으로 낮추는 기술로 에너지 접근성을 높이고 있다. 올트먼에게 ‘기술’은 소수의 독점 무기가 아니라, 모두가 사용할 수 있는 도구로 확장되어야 할 대상이다.

그렇다면 이러한 ‘압도적인 기술 발전’을 이루기 위해 샘 올트먼이 제시하는 조건은 무엇일까? 그는 미국 정부에 혁신과 경제 성장을 촉진하기 위한 정책 변화를 제안하며 자신의 생각을 구체적으로 밝힌 바 있다. 그의 제안은 단지 기술 개발 자체에 국한되지 않고, 혁신이 지속될 수 있는 사회 시스템 전반의 개혁을 포괄한다.

1) 교육 시스템 개혁
2) 기초 연구 개발 투자 확대
3) 이민 정책 개혁
4) 주거 비용 안정화
5) 규제 완화
6) 상장 기업 환경 개선
7) 목표 설정

첫째, 교육 시스템의 근본적인 개혁이다. 올트먼은 좋은 교육 없이는 기회의 평등도, 충분한 혁신가도 나올 수 없다고 단언한다. 그는 현재 교육 시스템의 문제점(낮은 교사 급여, 경직된 시스템 등)을 지적하며, 교사 급여 인상과 같은 과감한 투자를 통해 교육의 질을 높여야 한다고 주장한다. 특히 기술 변화 속도에 맞춰 교육 내용과 방식(온라인 교육과 현실 세계 멘토십 결합 등)도 빠르게 혁신해야 하며, 이는 단순히 비용 지출이 아닌 미래 성장을 위한 '투자'임을 강조한다.

둘째, 기초 연구 개발R&D에 대한 정부 투자를 획기적으로 늘리는 것이다. 그는 기업이 잘하는 응용 연구와 달리, 기초 연구에서는 정부의 역할이 중요함에도 불구하고 관련 예산이 계속 줄어들고 있다고 비판한다. 혁신을 원한다면 혁신을 생산하는 기초 연구에 대한 투자를 현재보다 훨씬 더(그는 'order of magnitude', 즉 10배 정도를 언급한다) 늘려야 한다는 것이다. 이 역시 미래를 위한 '투자'의 관점에서 접근해야 한다고 본다.

셋째, 재능 있는 인재를 유치하기 위한 이민 정책 개혁이다. 그는 뛰어난 인재들이 미국에서 회사를 설립하고 신기술을 개발하길 원한다면 적극적으로 받아들여야 하며, 이들을 거부하는 것은 매우 근시안적인 처사라고 비판한다. 숙련된 인재 유입은 혁신과 GDP 성장에 즉각적인 긍정적 효과를 불러올 뿐만 아니라, 출생지에 따른 차별을 없애는 정의의 문제이기도 하다고 주장한다.

넷째, 주거 비용 안정화다. 특히 혁신 허브 지역의 높은 주택 비용은 생활비 전반을 상승시키고 사람들의 유연성을 떨어뜨려 혁신을 저해한다고 본다. 그는 부동산 투기를 억제하고 주택 공급을 공격적으로 늘리는 정책을 통해 주거 비용을 최대한 낮춰야 한다고 제안한다.

다섯째, 혁신을 저해하는 과도한 규제 완화다. 물론 AI 개발과 같은 특정 영역에서는 더 많은 규제가 필요할 수도 있지만, 샘 올트먼은 신약 개발이나 드론, 원자력 등 물리적 세계에서 혁신을 시도하는 많은 기업들이 불명확하고 느린 규제 때문에 어려움을 겪고 해외로 떠나는 현실을 지적한다. 규제 당국자들에게 인센티브를 부여하는 방식 등 창의적인 해결책 모색을 제안하며, 혁신을 질식시키지 않는 합리적인 규제 환경 조성이 중요하다고 강조한다.

여섯째, 상장 기업 환경 개선이다. 그는 현재의 상장 시스템은 단기 실적 압박으로 인해 기업들이 장기적인 혁신 투자를 꺼리게 만든다고 비판한다. 이사진에 대한 보상 방식 변경, 초단타 매매 제한, 장기 보유 주식 인센티브 제공 등 다양한 방안을 통해 기업들이 단기 시장 반응에 휘둘리지 않고 장기적인 혁신에 집중할 수 있는 환경을 만들어야 한다고 주장한다.

마지막으로, 실질 GDP 성장률 목표 설정이다. 그는 "당신은 당신이 측정하는 것을 만들게 된다You build what you measure"라며, 정부가 성장을 원한다면 명확한 목표를 설정하고 이를 달성하기 위해 자원을 집중해야 한다고 제안한다. 다만 GDP가 완벽한 지표는 아니므로, 궁극적으로는 '총 삶의 질total quality of life'을 측정할 새로운 지표 개발이 필요하다고 덧붙인다.

이처럼 샘 올트먼은 압도적인 기술 발전을 위해서는 단순히 기술 개발 자금 지원을 넘어, 교육, 연구, 인재 유치, 주거, 규제, 자본 시장, 그리고 명확한 국가 목표 설정에 이르는 사회 시스템 전반의 혁신이 필요하다고 본다.

만약 이러한 노력을 통해 그가 구상하는 '압도적인 기술'의 시대가 도래하여 전례 없는 풍요가 실현된다면, 그다음 과제는 명확해진다. 바로 그 풍요를 어떻게 공정하게 나눌 것인가 하는 '분배'의 문제다. 제아무리 기술이 기본적인 재화와 서비스를 저렴하게 만든다 하더라도, 여전히 희소한 가치와 기회는 존재할 것이며, 이를 둘러싼 불평등은 새로운 형태로 나타날 수 있기 때문이다.

따라서 기술 발전의 과실을 사회 구성원 모두가 향유하고, 최소한의 인간적인 삶과 기회의 평등을 보장하기 위한 새로운 분배 메커니즘이 필수적으로 요구된다. 이것이 바로 다음에서 우리가 살펴볼 '기본소득' 논의의 출발점이다. 샘 올트먼이 기술 발전과 동시에 분배 시스템 설계를 고민하는 이유는, 압도적 기술과 공정한 분배가 함께 이루어질 때 비로소 진정한 의미에서 그가 꿈꾸는 풍요로운 미래가 가능하다고 믿어서다.

Chapter 12

샘 올트먼의 기본소득 실험

최소한의 안전망 구축

"저의 꿈은 더 많은 사람들이 기본소득의 혜택을 받고 자신이 원하는 것을 할 수 있는 세상을 만드는 것입니다."

앞서 살펴보았듯 샘 올트먼은 기술이 만들어낸 불평등을 기술로 극복할 수 있다고 믿는다. 그는 '압도적인 기술 혁신'만이 인류가 직면한 구조적 불균형을 근본적으로 해소하고, 새로운 차원의 풍요를 실현할 수 있다고 주장한다. 이를 위해 교육 개혁에서부터 기초 연구 분야 투자, 이민과 주거, 규제 완화에 이르기까지 사회 시스템 전반의 혁신이 뒷받침되어야 한다는 것이 그의 입장이다. 동시에 이러한 기

술이 만들어낸 '경이로운 부'가 극소수에게만 집중될 경우, 그 풍요는 축복이 아니라 위기의 씨앗이 될 수 있다는 점 또한 명확히 인식하고 있다. 즉, 기술의 진보는 필연적으로 '분배'의 문제를 동반하고 있다는 것이다.

기실 샘 올트먼이 이러한 문제의식을 처음 밝힌 것은 이미 10년도 넘은 일이다. 물론 그보다 앞서 이 문제를 제기한 학자나 활동가도 많다. 그러나 그 이후로도 여전히 이러한 분배 문제에 대한 해답은 명쾌하게 도출되지 않고 있다. 문제는 AI와 로봇공학의 발전이 이 문제를 빠르게 해결해야 한다고 압박하고 있다는 사실이다.

디지털 세계에서는 생성형 AI가 인간의 지적 노동을 대체하고 있으며, 물리 세계에서는 피지컬 AI가 단순 육체 노동의 영역을 넘보고 있다. 샘 올트먼은 2021년 발표한 '모든 것에 대한 무어의 법칙Moore's Law for Everything'에서 이러한 미래를 예견한 바 있다. 그는 "5년 이내에 AI가 법률 문서를 읽고, 의료 조언을 제공하며, 10년 안에는 공장 조립 라인의 작업까지 수행할 것"이라고 전망했다.

그리고 그로부터 불과 4년이 지난 지금, 그의 예측은 빠르게 현실화되고 있다. 법률 AI는 방대한 판례를 분석해 변호사의 업무를 돕고 있고, 의료 AI는 영상 판독 정확도를 향상시키며 진단 보조 역할을 수행하고 있다. 특히 샘 올트먼이 직접 투자한 피규어 AI의 휴머노이드 로봇 '피규어 02'는 실제로 BMW 공장에서 조립 공정 테스트에 투입되며 주목할 만한 진전을 보이고 있다. 그의 말처럼 AI는 점차 인간의 두뇌와 신체를 동시에 대체해가는 중이다.

AI가 본격적으로 노동력에 편입되면 수많은 상품과 서비스의 생산 단가가 거의 제로에 가깝게 수렴하게 된다. 인건비가 주요 원가였던 산업 분야에서도 AI와 로봇이 투입되면 비용 구조 자체가 근본적으로 변화하고, 이는 필연적으로 상품과 서비스 가격의 급격한 하락으로 이어질 수밖에 없다.

예를 들어 자동차 생산 공정을 떠올려보자. 기존에는 원자재 채굴부터 제련, 부품 생산, 정교한 조립, 품질 검사까지 각 단계마다 숙련된 인간 노동자의 지식과 경험이 필수적이었다. 자동화가 상당 부분 도입되었음에도 불구하고, 복잡한 조작이나 예상치 못한 변수 처리, 미묘한 품질 관리만큼은 여전히 인간의 판단과 개입에 의존해왔다. 그러나 고도로 발달한 AGI 기반 로봇이 이러한 역할을 완전하게 대체하게 되면, 생산의 전 과정이 인간의 개입 없이 24시간 365일 완전 자동으로 이루어질 수 있다. 더 나아가 AI가 스스로 더 효율적인 생산 방식을 설계하고, 심지어 자신들을 생산할 또 다른 AI 로봇을 설계하고 제작하는 수준에까지 도달할 가능성도 배제할 수 없다.

여기에 샘 올트먼이 집중 투자하고 있는 핵융합 발전이나 차세대 태양광 시스템이 상용화된다면, AI와 로봇을 움직이는 데 필요한 에너지 비용마저 극적으로 낮출 수 있다. 즉, 생산의 핵심 요소인 인간 노동력과 에너지 비용이라는 2가지 비용 장벽이 사실상 사라지면, 이론적으로는 재화와 서비스의 생산 원가는 제로에 가까워질 수 있는 것이다. 이는 경제학에서 말하는 '제로 한계비용 사회'의 도래 가능성을 시사한다.

이러한 전망은 언뜻 모든 것이 풍족하고 저렴해지는 유토피아적 미래를 떠올리게 한다. 하지만 아직 김칫국을 마시기엔 이르다. 설령 기술이 그러한 풍요를 가능하게 한다 해도 우리가 해결해야 할 근본적인 2가지 과제가 남아 있다.

첫 번째 과제는 '가격 결정권과 부의 집중' 문제이다. 생산 원가가 제로에 가까워진다고 해서 소비자 가격까지 반드시 제로가 되리라는 보장이 없다. 완전 경쟁 시장이라면 생산 비용 하락이 가격 하락으로 이어지는 것이 일반적이지만, 현실의 시장은 그렇게 이상적으로 작동하지 않는다. 시장 구조나 유통 경로, 독점 상황에 따라 이 원리는 달라질 수 있다.

예컨대 상비약 한 알의 제조원가는 수십 원에 불과하지만, 소비자가 실제로 구매하는 가격은 수천 원에서 수만 원에 이르는 경우가 흔하다. 이는 단순한 원가 구조 외에도 연구 개발, 복잡한 유통 구조, 브랜드 가치, 규제, 이윤 구조 등 다양한 요소가 가격 형성에 영향을 미치기 때문이다.

이와 마찬가지로 AI 시대에 생산비가 제로에 가까워지더라도 이를 소유한 소수의 '승자' 기업들은 자신들의 독점적 지위를 활용해 가격 결정권을 장악하고, 막대한 부를 축적할 가능성이 있다. 이는 기술 혁신이 풍요를 가져오는 것이 아니라, 오히려 부의 불평등과 양극화를 전례 없는 수준으로 심화시킬 수 있다는 의미이다.

두 번째 과제는 더욱 근본적이며 시스템적인 문제다. 바로 기존 자본주의 시스템의 '지속 가능성' 자체에 대한 위협이다. 현대 자본주의는 앞서 소개했듯 '생산-소득-소비'라는 끊임없는 순환 구조를 기반으로 작동한다. 인간은 노동력을 제공하고(생산 참여), 그 대가로 임금이나 사업 소득을 얻으며(소득 발생), 그 소득을 바탕으로 재화와 서비스를 구매한다(소비 활동). 이 소비가 다시 기업의 생산 활동을 촉진하고, 새로운 고용과 소득을 창출하는 선순환으로 이어지며 경제 성장의 동력이 되어왔다.

그러나 AI와 로봇이 점차 인간의 노동을 광범위하게 대체하게 되면, 이 순환 고리의 핵심 연결점이 끊어질 수 있다. 대다수 사람들은 생산 활동에 참여할 기회를 잃을 테고, 이는 곧 소득원의 상실을 의미한다. 반면, 인간을 대신해 생산 활동을 수행하는 AI와 로봇은 (적어도 지금은) 스스로 소득을 얻거나 소비 활동을 하지 않는다. 생산은 계속되지만, 그렇게 해서 생산된 재화와 서비스를 구매할 능력을 갖춘 소비 주체가 급격히 줄어드는 셈이다.

결국 '소득 없는 생산'과 '소비 없는 풍요'라는 모순적인 상황이 발생하며, 경제 시스템의 순환 자체가 멈춰버릴 수 있다. 아무리 값싸고 질 좋은 상품과 서비스가 넘쳐난다 하더라도, 그것을 구매할 소비 여력이 없다면 기업은 생산을 줄일 수밖에 없고, 이는 다시 투자 위축과 경제 침체로 이어지는 악순환을 초래할 것이다. 이는 단순히 일부 계층의 빈곤 문제를 넘어, 자본주의 시스템 전체의 붕괴로 이어질지도 모르는 실존적 위협이다.

누군가는 이렇게 생각할 수 있다. "모든 재화와 서비스가 무료라면, 소득이 굳이 필요할까?"라고 말이다. 그러나 인간의 욕망은 단순히 생존에 필요한 기본적 의식주에 머물지 않는다. 더 나은 품질, 희소한 경험, 사회적 지위를 상징하는 소비 욕구는 여전히, 아니 어쩌면 더욱 강력해질 수 있다. 결국, 기본적인 필요가 충족되는 '무료'에 가까운 세상이 오더라도, 더 나은 삶을 추구하는 과정에서 소비의 격차와 자산 불평등은 여전히, 혹은 새로운 형태로 나타날 가능성이 높다.

따라서 단순히 생산 비용을 낮추는 것을 넘어, AI가 창출하는 막대한 부를 어떻게 공정하게 분배하고, 모든 사회 구성원이 변화된 경제 시스템에 어떻게 참여할 수 있도록 할 것인가에 대한 근본적인 고민과 새로운 메커니즘 설계가 필요하다.

이러한 문제의식 속에서 샘 올트먼이 '기본소득'을 제안하는 배경을 찾을 수 있다. 그가 생각하는 기본소득은 단순히 빈곤층을 돕는 전통적인 복지 정책의 연장선에 놓인 게 아니다. AI 혁명이 창출할 막대한 부가 소수의 기술 엘리트나 자본가에게 집중되는 것을 막고, 모든 개인에게 최소한의 경제적 안정과 인간적 존엄을 보장하며, 나아가 소비 여력을 유지시킴으로써 자본주의 시스템의 지속 가능성을 담보하기 위한 구조적 해법에 가깝다. 즉, AI와 로봇이 생산의 주체가 되더라도, 인간이 여전히 '소비의 주체'로서 경제를 지속할 수 있도록 뒷받침하자는 것이다.

"기본소득이 완전한 해결책은 아니라고 생각합니다.
다만, 우리가 지금 맞이하고 있는
급격한 기술적 전환기를 완화해줄 중요한 완충장치로

기능할 수 있습니다. 또한 세계가 빈곤을 근절할 능력이 있다면, 그것은 우리가 반드시 이루어야 할 목표입니다. 저는 기본소득이 이를 해결하는 방법 중 최선이라 생각합니다."

기본소득이라는 개념 자체는 오래전부터 논의되어왔으며, 여러 국가와 도시에서 다양한 형태로 실험되었다. 우리나라 경기도에서도 '기회소득'이라는 이름 아래, 사회 발전에 기여하는 가치 창출을 지원하고 그 가치를 정당하게 보상하는 사회를 만들겠다는 목표로 변형된 기본소득형 정책을 시행하고 있다. 그러나 샘 올트먼이 제시하는 기본소득이 주목받는 이유는, 단순히 복지 개념을 넘어 AI 시대에 걸맞은 현실적이고 구조적인 접근법을 제시하고 있어서다.

기본소득의 실현에서 가장 중요한 과제는 재원 마련이다. 지금까지는 정부가 일반 조세를 확대하거나, 특정 복지 항목을 축소하는 방식으로 재원을 확보하는 것이 일반적이었다. 그러나 샘 올트먼은 이와는 다른 길을 제안한다. 그는 AI 기술이 창출하는 막대한 부와 토지 같은 대체 불가능한 자산에 세금을 물림으로써 기본소득의 재원을 마련해야 한다고 주장한다. 이 구상은 '미국 주식 펀드American Equity Fund'라는 이름으로 구체화되었다.

미국 주식 펀드는 기본적으로 두 축으로 구성된다. 첫째, 일정 규모 이상의 기업은 시장가치의 2.5퍼센트를 '주식' 형태로 기금에 납부하게 된다. 둘째, 모든 사유지(토지)의 가치 중 2.5퍼센트를 '현금'으로

월드코인 개발사가 주최한 글로벌 행사 '어 뉴 월드'에서 기본소득의 미래에 대해 답변 중인 샘 올트먼
(출처: DPA / Andrej Sokolow)

납부하도록 한다. 이렇게 조성된 기금은 미국의 모든 성인 시민에게 동등하게 분배한다. 수령자는 이 기금을 교육, 의료, 주택, 창업 등 원하는 용도로 자유롭게 사용할 수 있다.

이 구상의 핵심은 "성장에 기여한 사회가 그 과실을 나눠야 한다"라는 점이다. 기업의 시가총액은 개별 경영진의 능력만으로 오르지 않는다. 정부가 만든 규제 환경, 소비자들의 신뢰, 인프라와 교육 시스템 등 수많은 '공적 요소'가 함께 작용한 결과다. 따라서 이익의 일부를 사회 전체와 공유하는 것은 정당하다는 것이 올트먼의 주장이다.

특히 주목할 점은 이 모델에 토지 가치세가 포함되어 있다는 사실이다. 언뜻 AI와 무관한 조세처럼 보이지만, 사실상 이 세금은 디지털 자본주의 시대의 공간 기반 불평등을 조정하는 핵심 수단이다.

AI 산업의 성장은 도시 집중화를 가속화하고, 특정 지역의 토지 가치에 기하급수적인 상승을 가져온다. 그러나 이 상승분은 토지 소유자의 노력 때문이 아니라, 주변에 입주한 AI 스타트업, 교통망, 기술 인프라 등의 공공 투자와 경제 활동 덕분에 생긴 사회적 가치에 힘입고 있다. 이런 배경에서 19세기 경제학자 헨리 조지Henry George의 이론에 다시 주목할 필요가 있다. 그는 "토지는 사적 소유이지만, 가치는 사회적 산물"이라고 보았다. 샘 올트먼 또한 이 철학을 적용한 것이다.

현재 미국 기업의 가치, 미래 성장, 그리고 새로운 세금으로 인한 가치 감소 등을 종합적으로 고려했을 때, 샘 올트먼이 제시한 모델에 따르면 2030년경에는 미국 성인 2억 5천만 명이 매년 약 1만 3,500달러를 기본소득 형태로 받을 수 있을 것으로 예상된다. AI가 성장을 가속화한다면 배당금은 훨씬 더 늘어날 수 있고, 꼭 그렇지 않더라도 기술 발전으로 상품과 서비스의 가격이 크게 낮아질 것이기에 1만 3,500달러는 지금보다 훨씬 더 큰 구매력을 지닐 것으로 전망된다.

이러한 시스템이 실제로 작동한다면, 시민들이 기본적인 생계뿐 아니라 자율성, 선택권, 사회적 이동 가능성 등에서 큰 폭의 향상을 경험할 수 있다. 이는 단지 '돈을 나눠주는 제도'가 아니라, 인간의 존엄성과 사회적 안정성을 지키기 위한 새로운 거버넌스 모델에 가깝다.

물론 이 모델에도 한계는 존재한다. 미국 내에서조차 이러한 세금 부과와 자본 분배 모델이 정치적으로 수용될 수 있을지는 불확실하며, 글로벌 차원의 적용은 더욱 복잡한 문제를 수반한다. 특히 국가 간 불평등, 기술 격차, 법적 관할권 문제 등은 여전히 해결되지 않은 과제다. 기본소득이 실현되더라도, 모든 인간이 경제적 주체로서 역할을 유지하기 위해서는 단순한 소득 지원을 넘어, 교육, 역량 개발, 사회적 통합을 총괄하는 완전히 새로운 프로그램이 함께 추진되어야 할 것이다.

그럼에도 불구하고 샘 올트먼의 시도는 중요한 의미를 지닌다. 그는 단순히 기술을 개발하는 데 그치지 않고, 기술이 초래할 경제적·사회적 변화를 미리 내다보고 대응하려는 보기 드문 리더 중 하나다. 그의 기본소득 모델은 단지 하나의 경제 정책이 아니라, AI 혁명 이후의 인류 생존 전략에 가깝다.

물론 샘 올트먼의 고민은 여기서 멈추지 않는다. 전 세계 모든 인류에게 기술의 혜택을 돌려주겠다는 그의 궁극적 비전을 고려할 때, 국가의 경계를 넘어서는 더 보편적이고 기술적인 분배 시스템에 대한 필요성이 제기된 것이다. 즉, 기술 혁신으로 창출된 부를 어떻게 분배할 것인가 하는 문제 역시 반드시 해결해야 할 과제라는 뜻이다. 바로 이 지점에서 그는 또 다른 거대한 실험인 '월드코인' 프로젝트를 구상하게 된다.

Chapter 13

월드코인

디지털 시민권과 글로벌 기본소득 가능성

"지금 우리가 살고 있는 세상은 플랫폼 변화와 기술 혁명의 한가운데에 있습니다. 이는 우리가 지금까지 목격한 가장 큰 혁명 중 하나입니다. 저는 우리의 기술이 세상의 중요한 인프라 중 하나가 될 수 있다고 생각합니다."

샘 올트먼이 제안한 '미국 주식 펀드' 모델은 AI 시대 부의 재분배 문제를 해결하기 위한 혁신적인 구상임에는 틀림없다. 그러나 그 설계 자체는 본질적으로 미국이라는 특정 국가 안에 머물러 있다. 올트먼의 궁극적 비전은 국경을 넘어 '모든 인류'에게 기술 혁신의 혜택이 돌아가도록 하는 데 있었고, 자연스럽게 새로운 대안을 모색하기 시작했다. 올트먼은 다시 한번 '기술'에서 해답을 찾으려 했다.

그는 전통적 국가 간 원조나 국제기구를 통한 방식의 한계를 넘어, 기술적 수단으로 부의 글로벌 분배 시스템을 구축하려는 야심 찬 시도를 시작했다. 대표적인 프로젝트가 바로 '월드코인Worldcoin'이다.

월드코인은 2021년, 샘 올트먼이 알렉스 블라니아Alex Blania, 맥스 노벤드스턴Max Novendstern과 함께 공동 설립한 프로젝트다. 이름에서도 알 수 있듯, 전 세계 모든 인류가 사용할 수 있는 '코인'을 만들겠다는 대담한 목표를 담고 있다. 이를 기반 삼아 궁극적으로 글로벌 기본소득 시스템을 구축하겠다는 것이다. 새삼 올트먼 특유의 '스케일'을 다시 한번 느낄 수 있는 대목이다.

월드코인의 기본 구상은 비교적 단순하다. 온라인과 오프라인 세계가 점점 융합되어가는 미래 사회에서, 모든 개인이 '디지털 신원Digital ID'을 통해 자신의 정체성을 안전하게 증명하고, 이를 기반으로 다양한 경제 활동에 참여하거나 사회적 혜택(기본소득 포함)을 공정하게 수령할 기반을 마련하겠다는 것이다.

이를 실현하기 위해 월드코인은 독특하고도 논쟁적인 장치를 도입했다. 바로 '오브Orb'라는 홍채 인식 스캐너다. 은색 구체 형태를 띤 오브는 사람의 홍채 패턴을 정밀하게 스캔해, 이를 암호화된 디지털 코드로 변환한다. 이렇게 생성된 '월드 ID World ID'는 특정 개인과 일대일로 매칭되는 고유 식별자로, 지문이나 안면 인식보다 위변조 방지 성능이 뛰어난 것이 특징이다.

**"우리는 디지털 ID 시스템이 글로벌 경제 참여의
기본 단위가 될 것이라 믿습니다.
특히 AI가 인간의 신원을 구분하기 어려워지는 세상에서는
더욱 그렇습니다. 인터넷에서 실제 사람과 AI를
구분할 수 있어야 할 때가 올 것입니다."**

월드코인이 홍채 인식이라는 강력한 생체 인증 방식을 택한 이유는 분명하다. AI 기술이 고도화되어 가짜 계정(봇) 생성이 훨씬 쉬워진 상황에서, 한 사람이 하나의 고유 신원만을 보유하도록 보장하는 것이 절실해졌기 때문이다. 월드코인은 강력한 생체 기반 인증 없이는 글로벌 규모에서 공정하고 신뢰할 만한 신원 체계를 구축할 수 없다고 판단했다.

월드코인은 이렇게 구축된 전 지구적 신원 체계를 바탕으로, 월드 ID를 발급받은 이들에게 자체 발행 암호화폐인 'WLD'를 정기적으로 무상 지급하는 모델을 추진하고 있다. 긍정적인 관점에서 보면 월드코인은 디지털 시대의 '보편적 시민권'을 부여하려는 시도로 해석할 수 있다. 국적, 소득 수준, 학력, 사회적 지위에 상관없이 지구상의 모든 개인이 디지털 경제의 주체로 인정받고,

오브를 통해 월드 ID를 발급받는 샘 올트먼(출처: Sam Altman X)

자유롭게 경제 활동에 참여할 수 있도록 도우려는 것이다.

이는 특히 기존 금융 시스템에서 소외된 인구에게 큰 의미를 갖는다. 세계은행World Bank에 따르면, 현재 약 13억 명이 은행 계좌 없이 살아가고 있다. 이들은 기본 금융 서비스는 물론, 디지털 경제 활동에서도 배제되고 있다. 월드코인의 월드 ID는 이들에게 자신의 존재를 디지털상에서 안전하게 증명하고, 금융, 교육, 고용 등 다양한 경제적 기회에 접근할 수 있는 가능성을 열어주고 있다.

월드코인이 아프리카, 남미, 아시아 개발도상국을 중심으로 오브를 보급하고 파일럿 프로그램을 진행하고 있는 이유도, 이들처럼 금융 인프라가 부족한 지역에서 월드 ID의 필요성과 기대감이 훨씬 더 강하게 나타나기 때문이다. 실제로 파일럿이 진행되는 지역에서는 수백만 명이 홍채를 스캔하고 월드 ID를 발급받았으며, WLD 토큰을 무상으로 지급받았다. 이들에게 월드코인은 단순히 새로운 기술을 체험하는 수준을 넘어, 글로벌 경제 시스템에 실질적으로 참여할 수 있다는 희망을 심어주는 계기가 되었다.

그러나 이처럼 장점이 많음에도 불구하고 월드코인을 '논쟁적 장치'라 부를 수밖에 없는 이유가 있다. 바로 모든 장점을 덮어버릴 만큼 치명적인 개인정보 침해 우려 때문이다.

홍채는 인간이 가진 가장 민감한 생체 정보이며, 타인에게 유출된 뒤에도 새것으로 변경이 불가능하다. 월드코인 측은 수집된 홍채 이미지를 즉시 암호화된 홍채 코드IrisCode로 변환해 저장하며, 원본 이미지는 보관하지 않고 개인정보와도 분리한다고 강조한다. 그러나 기술적 안전장치와는 별개로, 민간 기업이 전 세계 수천만 명의 생체 정보를 수집·관리하는 것 자체가 이미 심각한 우려를 낳고 있다. 해킹, 오용, 데이터 유출 위험은 여전히 존재하기 때문이다.

일각에서는 아무리 정보를 삭제하고 암호화된 형태로 저장한다고 하더라도, 해시 데이터가 시스템에 남아 있을 가능성을 지적하며, 스캔 행위 자체가 문제라고 비판을 제기하고 있다.

홍채 데이터가 유출될 경우, 일반적인 개인정보 유출보다 훨씬 심각한 문제를 야기할 수 있다. 단적인 예로, 비밀번호는 유출되더라도 다른 것으로 바꾸면 그만이지만, 홍채 정보는 평생 바꿀 수 없다. 게다가 현재도 오브를 해킹하려는 시도는 꾸준히 이어지고 있으며, 이로 인해 유럽연합EU 일부 국가는 월드코인 프로젝트에 대한 조사에 착수하거나, 일시 중단을 명령했다. 케냐 정부는 아예 프로젝트 운영을 전면 금지했다.

월드코인 측은 지속적으로 보안을 강화하며 이에 대응하고 있지만, 우리 모두 이미 잘 알고 있는 사실이 있다. 보안은 강화하면 강화할수록 해커들에게 더 크고 맛 좋은 먹잇감처럼 보인다는 것 말이다.

두 번째 문제는 지급 수단의 불안정성이다. 월드코인이 지급하는 WLD 토큰은 여타 암호화폐와 마찬가지로 가격 변동성이 매우 크다. 기본소득의 핵심은 안정된 생활비를 보장하는 데 있지만, 현재의 WLD 구조로는 이러한 기능을 기대하기 어렵다. 월드코인이 범지구적 규모의 경제 네트워크를 구축하게 된다면 어느 정도 안정성을 찾을 수도 있겠지만, 설령 그렇다 하더라도 실질적 문제는 여전히 남아 있다. 예컨대 WLD를 현지 화폐로 환전하는 과정에서 발생하는 수수료 부담, 기술적 접근성 문제, 그리고 암호화폐에 대한 이해도 격차 등은 특히 개발도상국 사용자들에게 큰 장벽으로 작용할 수 있다.

세 번째는 운영 구조와 윤리성 문제다. 월드코인 재단은 비영리 조직을 표방하지만, 실제 핵심 기술 개발과 오브 운영은 영리기업인 툴스 포 휴머니티Tools for Humanity가 주도하고 있다. 이로 인해 궁극적으로는 소수 기업이 전 지구적 신원 시스템과 기본소득 분배망을 장악할 수 있다는 우려가 제기된다. 특히 경제적 취약계층에 금전적 보상을 제공하며 민감한 생체 정보를 수집하는 방식은 '데이터 착취' 논란으로 이어지기도 했다.

공교롭게도 이러한 문제는 오픈AI에서도 비슷하게 지적되고 있다. '오픈AI'라는 이름에 걸맞지 않게 이들의 서비스는 철저하게 폐쇄적으로 운영되고 있으며, 비영리 기관으로 출발했음에도 영리를 추구하는 자회사를 설립하거나, 뒤늦게 영리 기관으로 전환을 추진하는 모습을 보이면서 샘 올트먼의 의도에 의구심을 품는 사람이 점점 늘고 있다. 이러한 논란이 반복된다면, 올트먼이 추구하는 대의가 아무리 선의에서 비롯된다고 하더라도 분명 걸림돌이 될 가능성이 있다.

이처럼 논란이 많음에도 불구하고 월드코인이 제시한 해법 자체는 분명 의미가 있다. 기존 국가 기반 신원 체계가 글로벌 경제 환경을 뒷받침하기 어려운 상황에서, 새로운 형태의 범세계적 신원 시스템이 필요하다는 점은 점점 더 분명해지고 있기 때문이다.

월드코인은 이러한 질문에 대한 하나의 대안으로 떠올랐다. 물론 지금의 형태로 완성되리라는 보장은 없다. 개인정보 보호, 신뢰성 확보, 글로벌 수용성 등 해결해야 할 과제가 여전히 산적해 있기 때문이다. 그러나 샘 올트먼이 월드코인을 통해 우리에게 던진 메시지는 명확하다. 기술로 인해 발생한 부를 특정 지역이나 소수에게만 집중시키지 않고, 전 인류에게 공정하게 나누어야 한다는 것, 그리고 이 목표를 이루기 위해서는 국가, 국경, 전통적 제도를 넘어서는 새로운 시스템을 상상하고 구축해야 한다는 것이다.

예상컨대 샘 올트먼에게 월드코인이란 수많은 아이디어 중 하나에 불과할 것이다. 이 실험이 성공하든 실패하든 월드코인은 바야흐로 인류가 AI 시대를 어떻게 준비하고 맞이해야 할지에 대한 중요한 단초를 제공할 것이고, 올트먼은 이 경험을 자양분 삼아 또 다른 다음 실험을 준비할 것이다.

Chapter 14

범용 기본 컴퓨팅

미래 화폐에 대한 대담한 제안

"빈곤은 크게 줄어들고 더 많은 사람들이 원하는 삶을 살 기회를 얻게 될 것입니다."

앞의 3장에서 '컴퓨팅 자원'의 중요성에 대해 살펴보았다. 이것이 얼마나 중요한지는 조지타운대학교, 에포크 AI Epoch AI, 랜드 연구소 RAND Corporation의 공동 보고서를 보면 직관적으로 알 수 있다. AI 데이터센터의 연산 능력은 매년 2배 이상 증가하고 있으며, 2030년경에는 주요 AI 데이터센터 운영에만 약 2천억 달러가 소요될 것으로 예측된다. 이는 2024년 대한민국 국가 예산의 약 40퍼센트에 달하는 금액으로, 이제는 AI 연산이 더 이상 '가벼운' 행위가 아님을 말해준다.

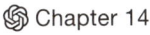

실제로 현대 AI 산업에서 연산 자원은 이미 새로운 형태의 '권력'이자 '자본'으로 작동하고 있다. AI 스타트업의 성패가 엔비디아 GPU 확보나 대형 클라우드 기업의 크레딧 지원 여부에 달려 있다는 말이 괜히 나오는 것이 아니다. 컴퓨팅 자원은 마치 '디지털 통화'처럼 취급되며, 이 귀한 자원을 누가 얼마나 많이 확보하느냐가 기술 개발의 속도와 방향을 결정짓는 시대가 열린 것이다.

앞선 3장에서 컴퓨팅 자원의 중요성을 확인한 것과 동시에, 우리는 샘 올트먼이라는 인물의 중요한 철학적 특징도 발견했다. 그는 하나의 궁극적인 목표를 향해 나아가면서도, 그 과정에서 제시된 대안들을 끊임없이 의심하고, 보완이 필요하다면 언제든 또 다른 길을 찾는 데 주저하지 않는다.

AI 시대에 대응하기 위한 해법으로 많은 이들이 기본소득을 제시하고 있으며, 샘 올트먼 역시 기본소득의 필요성에 깊이 공감하고 있다. 그러나 그는 거기서 멈추지 않았다. 기본소득만으로 충분할지, 혹은 보다 근본적인 해법이 필요한지를 고민한 끝에 새로운 개념을 제시했다. 이것이 바로 '범용 기본 컴퓨팅Universal Basic Compute, UBC'이다.

기본소득의 개념은 '생산-소득-소비'라는 자본주의의 순환 고리에서 생산과 소득 부분이 AI와 로봇에 의해 대체되는 것을 막을 수 없게 되었을 때, 최소한 소비의 주체로서 인간이 계속 참여할 수 있도록 보장하는 시스템이다. 즉 이를 통해 자본주의의 근간이 붕괴하는 사태를 방지하려는 것이다. 동시에 기본소득은 경제적 안정이 보장될 경우 인간이 생계 유지에 얽매이지 않고, 스스로 추구하는 목표나 창의적 활동을 찾아 나설 것이라는 이상을 품고 있다.

그러나 이 시스템에는 근본적인 우려가 존재한다. 인간의 본성을 고려할 때, 기본소득이 주어진다고 해서 이상을 향해 가치를 창출하기보다, 근로 의욕이 저하되어 점차 사회적 도태로 이어질 가능성이 있다는 것이다.

UBC는 이러한 기본소득의 한계를 보완하는 개념이다. 인간을 단순히 소비의 주체로만 남겨두는 것이 아니라, 생산 과정에도 적극적으로 참여시키는 것을 목표로 한다. 즉, 자본주의 순환 고리의 전반을 인간이 지속적으로 담당할 수 있도록 하는 것이다.

UBC의 원리는 간단하다. 미래에 오픈AI가 강력한 AGI 모델을 개발하게 될 경우, 그 모델에 대한 접근 권한을 시민 모두에게 일정 비율로 나눠주는 방식이다. 이와 관련해 샘 올트먼은 팟캐스트 올인All In에서 GPT-7을 가상의 예로 들며, 이 모델에 대한 API 호출 권한을 정부나 기관이 시민 개개인에게 나눠주는 방식의 UBC 도입을 제안한 바 있다.

실제 사례를 살펴보면 이 구상이 왜 중요한지 알 수 있다. 지금만 보더라도 챗GPT 프로 구독제는 사용자에게 높은 생산성을 제공하지만, 월 200달러에 육박하는 비용으로 인해 접근이 제한되고 있다. AGI 시대가 도래했을 때 이 문제가 해소되지 않는다면, 연산력 불균형이 곧 생산성 불균형으로 이어질 가능성이 크다. 그러므로 AI 시대에 모든 인류가 생산의 주체로 남아 있으려면 '돈'이 아니라 생산 수단인 '컴퓨팅 자원'을 분배해야 한다.

“AGI 이후의 세상에서 돈이 어떤 역할을 할지 예측하기 어렵습니다.”

약 5천 년간 인류 문명과 함께한 화폐를 거대한 언어 모델로 대체한다는 발상은 얼핏 공상처럼 들릴 수 있다. 그러나 샘 올트먼은 이에 대해 무척이나 진심이다. 실제로 오픈AI의 초기 투자 계약서에는 AGI 이후 화폐의 기능은 지금과 전혀 달라질 수 있다는 조항이 포함되어 있었으며, 이는 장기적으로 경제 패러다임의 변화 가능성을 내다본 결과이다.

샘 올트먼이 기본소득을 넘어 UBC를 제안한 핵심 이유는 무엇일까? AI의 발전으로 현금을 지급하는 것보다 더 강력한 도움을 줄 수 있는 수단(컴퓨팅)이 등장하고 있다는 판단 때문이다. 미래의 초지능 AI는 인간이 풀지 못한 문제를 해결하고, 새로운 부가가치를 창출할 잠재력을 지니고 있다. 이러한 AI를 개인이 직접 활용하게 될 경우, 이는 단순한 지원을 넘어선 생산 기반의 자립 수단이 될 수 있다.

실제로 기본소득을 둘러싼 논의 가운데 이것이 기본적인 생계는 보장해주지만 장기적인 해결책이 되기에는 한계가 있다는 비판이 존재하는데, 이에 비해 기본 컴퓨팅은 사람들에게 AI라는 새로운 생산 수단을 제공함으로써, 보다 능동적이고 발전적인 방식의 지원이 될 수 있다는 주장이다. 그리고 이러한 바탕에는 AI를 전기나 인터넷처럼 보편적이고 공적인 인프라로 만들겠다는 비전이 깔려 있다. 만약 누구나 강력한 AI에 접근할 수 있다면, AI는 단순한 도구가 아니라 사회 전체의 생산성과 삶의 질을 끌어올리는 핵심 기술이 될 수 있다.

UBC를 실현하기 위해 필요한 것은 크게 4가지다.

인프라

전 세계 모든 사람에게 AI 연산 자원을 나눠주려면 글로벌 규모의 컴퓨팅 인프라가 필요하다. 또한 수십억 명이 동시 활용해도 끄떡없을 만큼 확장성과 안정성을 갖춰야 한다.

에너지

컴퓨팅 인프라의 확장은 곧 에너지 수요의 폭증을 의미한다. 현재의 에너지 생산 방식으로는 미래 AI의 전력 수요를 감당하기 어려울뿐더러 기후 위기를 초래하기 때문에 획기적인 에너지 기술의 발전이 뒷받침되어야 한다.

국제 협력

글로벌 AI 자원 분배라는 성격상 국제 공조는 필수다. 또한 어떤 주체가 이 구상을 주도해야 할지 정해야 하며, 법·제도적으로도 AI 연산 자원의 독점을 견제하는 장치 등을 마련해야 한다.

교육

모든 사람이 AI 연산력을 공평히 가진다는 것은 겉보기에는 매력적이지만, 현실에서 이것을 유의미한 혜택으로 바꾸려면 디지털 접근성이 담보되어야 한다. 현금은 직관적으로 일대일 대응이 되어 누구나 쉽게 사용할 수 있지만, 연산력은 그 사용 주체에 따라 아웃풋이 달라지는 까닭이다.

이처럼 UBC는 기술 혁신, 에너지 확보, 사회 제도 개편, 교육 보급이라는 네 축이 균형 있게 작동할 때 비로소 현실화될 수 있다. 샘 올트먼 역시 인프라와 에너지 못지않게 교육과 국제 협력의 중요성을 강조하고 있으며, 이를 위해 다양한 행사와 매체를 통해 꾸준히 메시지를 발신하고 있다.

"교육을 개선할 수 있다면,
AI, 로봇공학, 생명공학 등 다양한 기술을
자유롭게 활용할 수 있습니다."

물론 이에 대한 비판적 시각도 존재한다. 일각에서는 "돈을 거대한 언어 모델 접근권으로 대체하겠다"라는 발상이 지나치게 이상적이고 실현 가능성이 낮다고 지적한다. 구체적인 실행 방안이나 재원 조달 계획이 부족하다는 것도 약점으로 꼽을 수 있다. 또 정치적으로 보수 진영에서는 복지 확대에 대한 반발, 진보 진영에서는 기존의 기본소득을 대체할 필요가 있느냐는 회의적 반응이 동시에 존재한다.

샘 올트먼 역시 자신의 제안에 대해 이것이 완성된 해법이 아니라, 하나의 아이디어이자 방향성일 뿐임을 인정할 것이다. 하지만 중요한 것은 우리가 지금 가장 바람직한 미래의 형태를 상상하고 있다는 점이다. 기술이 불평등을 강화할 수도, 새로운 공공성을 열어줄 수도 있는 이 시대에, UBC는 그 경계 위에서 던지는 하나의 의미 있는 제안임이 분명하다.

궁극적으로 샘 올트먼이 내놓은 UBC라는 개념은 단순히 새로운 복지 정책이 아니다. 이는 기술이 만들어낸 새로운 부富를 누구나 사용할 수 있는 능력의 형태로 되돌려주자는, 전례 없는 분배 철학이자 기술 문명의 새로운 사회 계약에 대한 제안이다. 기술이 모두를 이롭게 할 수 있으려면, 그것이 일부 소수의 전유물이 아니라 모두의 자원이 되어야 한다. 연산 자원이 자본보다 더 강력한 생산 수단이 되어가는 이 시대에 UBC는 우리가 기술을 어떻게 나누고 활용할지 묻는 공론장에서 근본적인 상상력을 자극한다.

또한 앞서 '에너지 다층 전략'에서 보았듯 샘 올트먼은 하나의 도박에 전부를 거는 사람이 아니다. 그가 바라보는 기술과 사회는 단선이 아닌 다층 구조로 움직인다. UBC의 철학이 먼 미래의 이상적인 비전이라면, 그보다 가까운, 그리고 실현 가능한 대안으로 기본소득을 거쳐 가는 것도 일견 현실적인 경로다. 다시 말해, 샘 올트먼이 설계하고 있는 미래는 '기술을 통해 부를 생산하는 구조'와 '그 부를 공정하게 재분배하는 구조'가 유기적으로 연결된 것이다.

4장에서 우리는 기술 발전이 야기하는 심각한 불평등 문제와 그에 대한 샘 올트먼의 다층적인 해법 모색 과정을 살펴보았다. 최소한의 안전망을 제공하려는 기본소득, 국경 없는 분배와 디지털 시민권을 실험하는 월드코인, 그리고 궁극적으로 생산 수단 자체의 공유를 지향하는 범용 기본 컴퓨팅UBC까지. 이 모든 시도는 AI 시대에 인류가 '어떻게 함께 잘 살아갈 것인가'라는 피할 수 없는 질문에 답하려는 노력이다.

이 도전적인 여정은 결코 순탄하지 않다. 각각의 해법은 재원 마련의 현실성, 프라이버시 침해 우려, 기술 접근성 격차, 정치적 실현 가능성 등 저마다의 딜레마와 한계를 안고 있다. 완벽한 정답은 아직 존재하지 않으며, 어쩌면 영원히 존재하지 않을 수도 있다.

중요한 것은 샘 올트먼의 시도가 보여주듯, 기술 발전 자체만큼이나 공정한 혜택 분배와 사회 시스템 재설계에 대한 치열한 고민과 실험이 지금 우리에게 절실하다는 사실이다.

Part 5

신인류로 가는 3단계

#신약 #생명공학 #1910 제네틱스
#포메이션 바이오
#레트로 바이오사이언스 #미니서클

SAM ALTMAN, THE VISION 2030

Chapter 15

신약 개발의 혁신

AI가 찾아낸 조합

"어쩌면 여기엔 우리가 생각하는 것보다 더 쉽게 찾을 수 있는 비밀이 있을지도 모릅니다."

2025년 1월 21일, 미국 백악관에서 열린 스타게이트 프로젝트 기자회견장에서 한창 기술 인프라에 대한 이야기가 오가던 중, 트럼프 대통령의 입에서 다소 의외의 질문이 하나 나왔다. "AI가 의학 연구와 암 극복에 큰 도움이 되고 있다는 이야기를 많이 들었습니다. 실제로 AI가 질병 같은 문제를 해결하는 데 어떻게 기여할 수 있습니까?"

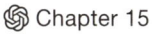

이 질문은 언뜻 즉흥적으로 보였지만, 샘 올트먼과 래리 엘리슨Larry Ellison 오라클 회장의 답변은 상당히 체계적으로 준비되어 있었고, 이

는 해당 질문이 사전에 조율됐을 것이라 추측하게 만들었다. 특히 래리 엘리슨의 답변은 단순한 원론을 뛰어넘어 구체적인 기술적 전망까지 담고 있어 주목을 끌었다.

"우리가 가장 기대하는 것 중 하나는 '암 백신'입니다. 모든 암과 종양 조각들이 혈액 속을 떠돌아다니는 것으로 밝혀졌습니다. 우리는 AI 기반 검사를 이용해 혈액에서 암을 조기에 발견할 수 있습니다. 이후 암의 유전자 염기서열을 분석하면, 개인 맞춤형으로 백신을 설계할 수 있고, AI와 로봇 기술을 활용해 48시간 내에 mRNA 백신을 제작할 수 있게 됩니다."

샘 올트먼 역시 스타게이트 프로젝트가 AI 기술을 통해 질병 진단과 치료를 가속화하고, 동시에 고품질 의료 서비스를 보다 저렴하게 제공하는 데 기여할 것이라 덧붙였다. 비록 대화는 길지 않았지만, 기자회견 자체가 워낙 짧은 시간 안에 진행되었고, 대부분 원론적인 이야기가 오가는 상황에서 나온 보기 드문 생생한 대화였다는 점, 그리고 무엇보다 의도된 흐름 속에서 이뤄졌다는 점이 중요하다.

우리는 이 짧은 대화를 통해 스타게이트 프로젝트가 단순한 기술 인프라 구축을 넘어 인류 건강 문제 해결에 대한 중대한 비전과 연결되어 있으며, 특히 AI 기술의 궁극적인 목표 가운데 하나가 바로 신약 개발의 혁신에 있다는 것을 짐작할 수 있다.

새로운 신약 하나를 개발하고 시장에 출시하기까지는 엄청난 시간과 자원이 소모된다. 일반적으로 연구실에서 잠재적인 치료 후보 물질을 처음 발견한 시점부터, 이 물질이 인체에 안전하고 효과적이라는 사실이 입증되어 규제 당국의 최종 승인을 받기까지는 최소 10년에서 길게는 15년 이상의 기간이 소요되는 것이 보통이다.

투입되는 비용 역시 수조 원에 달하는 천문학적인 자금이다. 문제는 이렇게 막대한 시간과 자금을 들여 개발에 착수한 후보 물질 중 최종적으로 임상시험을 통과하여 승인받는 비율이 10퍼센트 미만에 불과하다는 사실이다.

이러한 비효율성을 혁신하고자 최근 생명공학 분야에서는 AI 기술을 접목하려는 움직임이 활발하게 일어나고 있는데, 샘 올트먼 역시 그 선두에 서 있다.

신약 개발 혁신 분야에서 샘 올트먼이 투자한 곳으로 알려진 곳 대표적인 기업 중 하나가 바로 1910 제네틱스1910 Genetics다. 이 기업은 AI와 컴퓨터 연산, 로봇 실험 자동화를 결합하여 신약 후보 물질 발굴과 개발 과정을 혁신하는 것을 목표로 한다.

간단히 말해, 인간 연구자가 일일이 실험을 반복하는 대신 로봇과 AI가 방대한 화합물을 스크리닝하며 유망한 약물 후보를 찾아내도록 만드는 것이다. 수백만 개의 화합물 중 효과가 있을 법한 '보석'을 가려내는 작업에 AI가 투입되는 셈이다.

실제로 1910 제네틱스는 코로나19 팬데믹 당시, 자체 개발한 AI 기반 플랫폼을 활용해 수십억 개의 화합물을 가상 스크리닝하고, 그중

유망한 후보 물질을 선별하는 데 성공했다. 이후 자동화된 실험실에서 화합물을 합성하고, 코로나 바이러스인 SARS-CoV-2의 세포 침투를 억제하는 능력을 검증했으며, 이 결과 2가지 신규 화합물이 포유류 세포에서 바이러스 침투를 효과적으로 차단하는 것까지 확인할 수 있었다.

그러나 이러한 초기 성과에도 불구하고 이들 후보 물질은 상용화된 치료제 개발로 이어지지 못했다. 임상시험이라는 긴 여정을 통과하지 못했기 때문이다. 즉, 최적의 조합을 찾아내는 과정에서 AI와 로봇이 엄청난 속도를 보여줄 수 있지만, 임상시험이라는 현실적 장벽은 여전히 걸림돌로 남아 있는 셈이다.

샘 올트먼 역시 이 점을 정확히 인식하고 있다. 신약 개발 분야에서 진정한 혁신을 완성하려면 단순히 약물 후보를 빠르게 찾는 것에서 그치는 것이 아니라, 이를 실제 인간 대상 임상시험으로 확장하고 이 과정을 근본적으로 가속화하는 것까지 해결해야 한다는 사실을 분명히 알고 있다. 이러한 맥락에서 샘 올트먼의 레이더에 걸린 곳이 바로 포메이션 바이오Formation Bio(전 트라이얼스파크TrialSpark)다.

포메이션 바이오는 전통적인 임상시험 방식에 들어가는 막대한 비용과 긴 소요 시간을 혁신하려는 기업이다. 지역 병원 네트워크를 활용해 임상시험 참가자를 신속하게 모집하고, 자동화된 데이터 수집 시스템을 통해 임상 데이터를 정밀하고 효율적으로 관리하는 방식을 채택하고 있다. 이러한 시스템 덕분에 포메이션 바이오는 임상시험 기간을 평균 50퍼센트 가까이 단축하는 데 성공했으며, 기존에는 접근이 어려웠던 환자군의 95퍼센트 이상을 임상에 참여시키는 성과를 거두었다.

특히 주목할 점은 포메이션 바이오가 단순히 기술 회사에 머무르지 않고 직접 신약 개발에 뛰어들고 있다는 사실이다. 이들은 머크Merck KGaA로부터 골관절염 치료제 후보인 스프리페민Sprifermin의 글로벌 권리를 인수해 하이라인 바이오High Line Bio를 설립했고, 아사나 바이오사이언스Asana BioSciences로부터 면역피부질환 치료 후보를 인수해 리버타스 바이오Libertas Bio를 설립하는 등, 자체 임상 파이프라인을 공격적으로 확장하고 있다.

이처럼 AI와 자동화 기술을 임상시험 과정은 물론 신약 개발 전반에 적용하는 전략은 포메이션 바이오가 기존 제약사들과 뚜렷한 차별화를 보이는 지점이다. 과거에는 기술 스타트업이 신약 개발을 지원하고, 제약사가 개발을 주도하는 식으로 역할을 나누었지만, 포메이션 바이오는 '기술을 품은 제약사'라는 새로운 모델을 실험하고 있는 셈이다.

이러한 움직임은 제약 산업 전체에도 파장을 일으키고 있다. 최근 사노피Sanofi는 오픈AI, 포메이션 바이오와 전략적 파트너십을 체결하고, 신약 개발에 AI를 전사적으로 통합하는 프로젝트에 착수했다.

사노피는 자사가 보유한 방대한 임상 및 연구 데이터를 오픈AI 및 포메이션 바이오와 공유하며, 이를 바탕으로 신약 개발 속도와 성공 확률을 대폭 끌어올리는 것을 목표로 삼고 있다. 특히 이들 세 회사는 '뮤즈Muse'라는 AI 기반 환자 모집 도구를 개발해, 기존에는 수개월

이 걸리던 임상시험 환자 모집 과정을 단 몇 분 만에 완료할 수 있는 가능성까지 열어두었다. 이는 신약 개발의 패러다임 자체가 전환되고 있음을 보여주는 상징적인 사례다.

"임상시험은 지나치게 복잡하고 비용이 많이 듭니다.
이로 인해 약물 가격이 오르고,
많은 환자가 치료 기회를 놓치고 있습니다."

올트먼은 신약 후보 탐색 자동화, 임상시험 과정 최적화 등 신약 개발의 각 단계를 혁신하는 기술에 지속적으로 투자하며, "기술을 통해 더 빠르고 효율적으로, 더 많은 환자에게 약을 전달하자"라는 비전을 실천하고 있다.

그의 궁극적 목표는 단순히 치료제 개발 속도를 높이는 데 그치지 않는다. 필요한 모든 사람이 신속하고 공평하게 치료제를 이용할 수 있는 시스템을 구축하는 것이 올트먼이 지향하는 진정한 혁신이다. 그는 기술 발전이 소수 특권층에만 혜택을 주는 구조를 경계하며, AI와 자동화 기술을 통해 치료제 접근성 자체를 획기적으로 높여야 한다고 믿는다. "모든 인간은 건강할 권리가 있다"라는 그의 신념은 신약 개발 혁신을 단순한 과학적 진보가 아닌 인류 전체를 위한 사회적 비전으로 확장한다.

실제로 그는 AI를 활용해 유망한 분자를 신속히 발굴하고, 로봇 자동화로 실험과 생산을 수행하며, 방대한 데이터를 분석해 임상시험을 정밀하게 설계하는 혁신적 접근법을 현실화하고 있다. 이러한 변화는 신약 개발 비용을 절감하고 성공률을 높일 뿐만 아니라, 현재 치료법이 없는 질병으로 고통받는 환자들에게 새로운 희망을 더 빠르게 전달하는 데 기여하고 있다.

가까운 미래에는 한 AI가 신약 후보를 발견하고, 다른 AI가 가상 임상시험을 통해 이를 검증하며, 로봇이 약품을 대량 생산한 뒤 각 환자에게 맞춤형으로 투여하는 체계가 구축될 수도 있다. 올트먼은 이처럼 첨단 기술로 제약 산업을 근본부터 재창조함으로써 인류 건강 증진에 실질적으로 기여하는 원대한 비전을 추구하고 있다.

Chapter 16

생명 연장의 길

노화를 이겨내는 방법

"수많은 훌륭한 아이디어들은 돌이켜보면 쉽고 분명해 보이지만, 누군가 처음으로 그것을 시도했을 때 가치를 알아보는 것은 여전히 엄청나게 어렵습니다."

생성형 AI 시대의 최대 수혜 기업으로 떠오른 엔비디아의 CEO 젠슨 황은 이제 실리콘밸리의 슈퍼스타로 자리매김했다. 그의 시그니처가 된 가죽 재킷 패션은 강렬한 리더십과 카리스마를 상징하며, AI 시대를 누구보다 치밀하게 준비해온 전략가로서의 면모를 대변한다. 기술에 대한 깊은 이해와 이를 바탕으로 미래를 내다보는 통찰력은 다양한 무대에 그를 연설자로 불러 세웠고, 그의 한마디 한마디가 업계의 이정표처럼 인용되기 시작했다. 일례로 세계 최대 가전·IT 박람회 CES 2025 기조 연설에서 그가 "양자컴퓨터의 상용화는 아직 멀었다"라고 언급하자, 관련 기업의 주가가 일제히 하락하는 일이 벌어졌고, 그의 발언이 시장에 미치는 영향력을 다시금 실감케 했다. 하지만 이후 곧바로 양자컴퓨터 업계의 반박이 이어졌으며, 그는 결국 자신이 경솔했음을 인정하며 공개적으로 발언을 철회했다. 그런데 오히려 이 같은 태도가 실수를 인정할 줄 아는 리더로서의 진정성을 상징하며 그의 신뢰도를 더욱 높이는 계기가 되어주었다. 그런 그가 2024년 두바이에서 열린 세계정부정상회의World Government Summit에서 남긴 한마디가 다시금 화제를 모은 바 있다.

"만약 제가 처음부터 다시 시작한다면 생물공학을 택할 겁니다."

다소 의외의 발언이었다. 그러나 가만히 그 이유를 들어보면 납득이 된다. 젠슨 황은 가까운 미래에 AI 기술이 보편화되면서 누구나 프로그래머가 될 수 있는 시대가 올 것이라 내다봤다. 그러니 기술 격차가 사라지고 난 뒤 인류가 마주할 다음 과제는 생물학이라는 것이다. 즉, AI가 기술 민주화를 완성하는 순간, 생명공학이 새로운 혁신의 전장으로 떠오르게 될 것이라는 통찰이다.

이는 스타게이트 프로젝트 기자회견에서 오라클의 래리 엘리슨 회장이 언급한 '암 백신'의 가능성과도 맥을 같이한다. 기술 산업의 최전선에 선 리더들이 마치 약속이라도 한 듯 생명공학이라는 키워드로 일제히 시선을 돌리고 있는 흐름이 감지된다.

이런 가운데 2022년, 미국의 생명공학 스타트업인 레트로 바이오사이언스Retro Biosciences(이하 레트로)가 1억 8천만 달러를 투자금으로 유치했다고 발표했다. 보통 이 정도의 금액이 움직이면 투자자 명단이 자연스레 공개되기 마련이지만, 이 기업은 철저히 비공개를 고수했다. '미스터리 스타트업'이라는 수식어가 붙은 것도 이 때문이다. 그리고 1년 뒤, 그 익명의 투자자가 샘 올트먼으로 밝혀지자 레트로는 다시금 세간의 주목을 받기 시작했다.

"저는 가용 가능한 대부분의 자산을 이 두 회사에 투자했습니다."

이미 헬리온이라는 핵융합 에너지 기업에 3억 7,500만 달러를 투자한 바 있던 샘 올트먼이 레트로에 막대한 자금을 투입하자, 업계는 또 한 번 그의 진의를 궁금해했다. 그의 이 발언은 단지 투자 포트폴리오 구성이 아니라, 기술을 통한 인류 문제 해결에 대한 신념을 드러낸다. 에너지가 AGI 시대를 움직이는 동력이라면, 생명은 기술 진보의 목적 그 자체에 해당한다. 이러한 이유에서 에너지와 생명이 올트먼 포트폴리오의 중심축이 된 것은 어쩌면 당연한 결과다.

그런 그가 주목한 한 가지 실험이 있다. 바로 늙은 쥐에게 젊은 쥐의 혈액을 수혈했을 때 일부 젊음이 회복됐다는 연구 결과였다. 물론 혈액 수혈 방식은 윤리적·사회적 장벽이 높았고, 올트먼 역시 이런 현실적 한계를 인지했는지 당시엔 투자에 신중한 태도를 유지했다.

그러던 중 캘리포니아 연구팀이 2020년에 발표한 실험 결과가 그의 결심을 뒤흔들었다. 발표에 따르면 연구진은 굳이 젊은 쥐의 피를 무리하게 수혈하지 않더라도 늙은 쥐의 혈액 내 특정 노화세포를 제거하는 것만으로도 노화 억제 효과를 확인할 수 있다는 결론을 도출해냈다. 이 발견은 윤리적 논란 없이도 '노화 속도'를 줄일 수 있다는 가능성을 열어주고 있었다.

이 연구 결과를 접한 샘 올트먼은 YC 재직 시절 바이오테크 파트너였던 조 베츠-라크루아Joe Betts-LaCroix에게 연락했다.

"맙소사, 조! 이번에 나온 논문 봤어요? 혈장의 성분을 바꾸면 젊은 혈액을 수혈했을 때와 비슷한 효과를 얻을 수 있다고 해요! 한번 보고 검토 좀 해주실래요?"

"음……, 일리 있는 이야기 같은데요?"

"오, 그러면 제가 지원할 테니 본격적으로 연구를 해보실래요?"

"마침 제가 셩 딩Sheng Ding 연구원과 같이 세포 리프로그래밍이라는 비슷한 연구를 하고 있었거든요. 이걸 확장시켜보면 좋을 것 같아요!"

"좋습니다! 그럼 시작해보시죠!"

이렇게 해서 "인간의 건강한 수명에 10년을 더하다"라는 목표와 함께 레트로가 탄생했다. 레트로가 특이한 점은 다른 투자자 없이 전적으로 샘 올트먼의 지원을 받고 있다는 점이다. 이 때문에 레트로에는 이사회가 존재하지 않는다. 그 대신 샘 올트먼은 조 베츠-라크루아에게 의사 결정권을 일임했고, 이곳에서의 연구 결과는 매주 곧바로 샘 올트먼에게 보고된다.

현재까지 공개된 레트로의 핵심 연구는 3가지로 요약된다.

세포 청소를 돕는 약물 개발

나이가 들수록 세포 내부에 쌓이는 손상 단백질과 노폐물을 제거하는 자가포식Autophagy 과정이 원활하지 않은데, 레트로는 이 과정을 촉진하는 신약 'rtrt42'를 개발했다. 이 약은 뇌혈관 장벽을 넘어 신경세포 내에 들어가 쌓인 단백질 찌꺼기들을 처리함으로써 알츠하이머병 같은 퇴행성

레트로 바이오사이언스는 초기 실험실 공간을 빠르게 확보하기 위해 콘크리트 바닥에 컨테이너를 고정해 활용했다. 이후 직원들이 컨테이너 위에 모여 사진을 찍는 것이 시그니처가 되었다.(출처: Retro Biosciences)

뇌질환을 완화하는 것을 목표로 한다.

늙은 면역세포 교체

나이가 들면 뇌의 면역세포인 미세아교세포microglia가 만성 염증 상태에 빠져 제 기능을 못 하게 되는데, 레트로는 노쇠한 미세아교세포를 제거하고 젊은 미세아교세포로 교체하는 방법을 연구하고 있다. 알츠하이머 환자의 뇌에서 문제가 되는 이 염증성 면역세포를 아예 새로운 젊은 세포로 갈아치움으로써 뇌 건강을 회복하려는 구상이다.

'젊은 피'를 만들어내는 기술

노화의 또 다른 원인은 조혈모세포(혈액을 만들어내는 줄기세포) 기능 저하에 있다. 나이가 들수록 혈액을 생산하는 줄기세포들이 노쇠해지면서 면역체계 역시 약해진다. 레트로는 환자 본인의 세포를 활용해 젊은 조혈모세포를 만들어낸 뒤 이를 다시 몸속에 넣어 면역계를 되살리는 방법을 개발하는 중이다.

이처럼 레트로는 약물, 세포 치료, 유전자 기술을 망라한 도전으로 노화에 맞서고 있다. 여기에서도 샘 올트먼 특유의 '멀티 프로그램' 전략이 실행 중인 것이다. 하나의 접근법이 실패하더라도 다른 방법에서 성과를 낼 수 있도록 여러 갈래의 연구를 병행하는 방식 말이다.

현재 레트로는 2020년대가 끝나기 전에 노화 관련 치료법 개발의 첫 번째 증거를 보여주겠다는 야심 찬 목표를 내걸고 있다.

레트로는 연구를 가속화하기 위해 또 다른 기술적 돌파구를 활용하고 있는데, 바로 샘 올트먼이 이끄는 오픈AI와의 협력이다. 오픈AI는 레트로를 위해 특별히 단백질 데이터에 특화된 소형 언어 모델인 'GPT-4b'를 개발했다. 이 AI는 단순히 단백질 구조를 예측하는 수준을 넘어, 레트로의 세 번째 연구 과제와 밀접하게 연관된 야마나카 인자Yamanaka factors와 같은 단백질을 재설계하여 그 기능을 극대화하는 데 초점을 맞추고 있다.

실제로 레트로 연구진은 GPT-4b를 활용해 일부 야마나카 인자의 효율성을 50배 이상 높이는 예비 성과를 거두었다고 알려졌다. 이는 AI가 생명공학 연구 속도와 효율성을 극적으로 끌어올릴 수 있음을 보여주는 사례이며, AI와 생명공학에 높은 관심과 이해도를 가진 샘 올트먼이 있었기에 가능한 성과 중 하나라 할 수 있다.

하지만 레트로와 샘 올트먼의 이러한 행보가 단순히 찬사만 받는 것은 아니다. 인간 수명을 인위적으로 연장하려는 시도 자체에 대한 근본적인 윤리적 질문들이 무수히 제기된다. 일각에서는 이러한 기술이 결국 부유층에게만 적용되어 '생물학적 격차'를 심화하고, 빈부 격차를 생명의 길이 차이로까지 확대할 수 있다는 비판의 목소리가 높다. 또한 수명 연장이 현실화될 경우 한정된 지구 자원에 대한 부담 가중, 의료 및 연금 시스템 붕괴, 세대 간 갈등 심화, 삶과 죽음에 대한 가치관 변화 등 사회 전반에 걸쳐 예측 불가능한 혼란을 야기할 수 있다는 우려도 뒤따른다.

특히 샘 올트먼이 레트로의 유일한 투자자라는 점을 두고 의심의 눈초리를 던지는 사람들이 많다. 이사회가 없다는 것은 빠른 의사결정이 가능하다는 장점을 가지는 동시에 누구도 견제할 사람이 없다는 뜻과도 마찬가지기 때문이다. 일각에서는 샘 올트먼이 평소 건강에 관심이 많은 인물이라는 점을 들어 레트로가 그 자신만의 생명 연장을 위한 개인 연구소가 아니냐는 의문을 품기도 한다. 이에 대해 올트먼은 레트로의 의사결정에 관여하지 않고, 오픈AI 역시 레트로와 협력 관계일 뿐 재정적 계약 관계가 없다고 해명하기도 했다.

"기술의 위험을 관리하는 가장 좋은 방법은 기술을 발전시키는 것입니다."

그럼에도 불구하고 샘 올트먼은 이러한 논란과 비판을 예상했다는 듯, 기술을 통한 인류의 근본 문제 해결이라는 대담한 비전을 향해 멈추지 않고 나아가고 있다. 그의 철학은 기술 진보가 때로는 예측 불가능한 위험과 윤리적 딜레마를 동반하더라도, 궁극적으로는 인류에게 더 나은 미래, 더 풍요로운 가능성을 가져다줄 수 있다는 깊은 믿음에 기반한다. 즉, 수명 연장 기술이 야기할지 모를 사회적 문제 역시 또 다른 기술 혁신 혹은 사회 시스템의 진화를 통해 해결해나가야 할 과제로 인식하고 있는 것이다.

Chapter 17

아프지 않고 오래 사는 삶

세포 치료와 유전자 기술

**"인생을 의미 있게 살아가세요.
시간은 매우 한정되어 있고 빠르게 흘러갑니다.
당신을 행복하고 충만하게 만드는 일을 하세요."**

앞서 살펴본 것처럼 샘 올트먼은 기술을 통해 신약 개발의 효율성을 끌어올리고, 나아가 노화를 질병으로 간주함으로써 인류 생명 연장의 가능성을 추구하고 있다. 그러나 단순히 수명을 늘리는 것만으로는 그의 비전이 완성된다고 보기 어렵다. 진정한 목표는 늘어난 수명만큼 질병과 고통 없이 살아가는 것, 다시 말해 '건강 수명'의 획기적인 연장이다.

죽지 않는다고 해서 곧 건강한 삶이 보장되는 것은 아니다. 만성 질환이나 퇴행성 질환처럼 삶의 질을 장기적으로 떨어뜨리는 요소를 해결하지 못한다면, 연장된 생은 오히려 고통의 시간으로 전락할 수 있다. 샘 올트먼 역시 이 문제를 분명히 인식하고 있다. 그래서 그의 투자는 단순히 '더 오래 사는 기술'이 아니라 '아프지 않고 오래 사는 기술'을 개발하는 데 방점이 찍혀 있다.

샘 올트먼은 특히 세포 치료와 유전자 치료 분야에 깊은 관심을 보이고 있다. 이것이 질병의 근본 원인을 세포나 유전자 수준에서 해결하려는, 가장 근원적인 접근 방식이기 때문이다. 이러한 관점에서 그가 투자한 대표적인 바이오테크 스타트업이 바로 애스펀 뉴로사이언스Aspen Neuroscience(이하 애스펀)다. 애스펀은 파킨슨병을 근본적으로 치료하는 것을 목표로 한다.

파킨슨병은 뇌 속 도파민 생산 신경세포가 점차 파괴되며 발생하는 질환으로, 현재의 치료법은 대부분 증상을 완화하는 수준에만 머물러 있다. 애스펀이 제시하는 방식은 이보다 훨씬 근본적이다. 쉽게 말해, 고장 난 자동차 부품을 단순히 수리하는 것이 아니라 아예 새 부품으로 교체하는 방식에 가깝다.

조금 더 구체적으로 살펴보자. 애스펀의 방식은 환자의 피부 세포에서 유도만능줄기세포iPSC를 만들어 이를 건강한 도파민 신경세포로 분화한 뒤, 다시 환자의 뇌에 이식한다. 손상된 세포를 '본인에게서 얻은 건강한 세포'로 대체함으로써 파킨슨병의 원인을 직접적으로 제거하려는 시도다. 물론 이 과정에서 새롭게 이식된 세포가 뇌 환경에

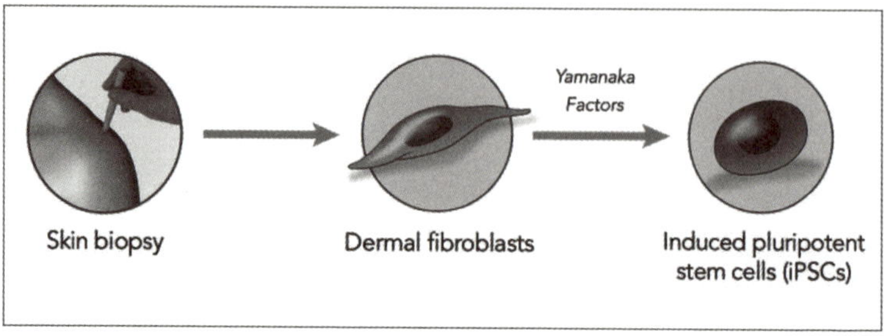

iPSC 세포 제조 공정(출처: Aspen Neuroscience)

제대로 정착하고 안정적으로 기능하도록 조율하는 일은, 자동차에 새 부품을 갈아 끼운 뒤 정상 작동을 확인하고 미세 조정하는 것보다 더욱 정교한 기술이 요구된다.

이러한 높은 불확실성이 존재함에도 불구하고 애스펀은 초기 임상시험에서 긍정적인 신호를 확보하며 다음 단계로 나아가고 있다. 특히 2020년 시리즈 A 라운드에서 7천만 달러라는 이례적인 규모의 투자를 유치한 점이 주목할 만하다. 참고로 같은 해 기준, 시리즈 A 라운드의 평균 투자 유치 금액은 약 1,400만 달러, 중간값은 750만 달러 수준에 그쳤다. 이러한 수치와 비교해보면 애스펀이 받은 투자는 업계 평균을 훨씬 상회하는 규모다.

해당 라운드는 오르비메드OrbiMed를 비롯해 주로 벤처캐피털이 주도했지만, 여기에 샘 올트먼이 개인 자격으로 투자자 이름을 올린 것은 막대한 투자금 이상의 의미를 갖는다. 실제로 샘 올트먼의 참여는 애스펀이 초기 단계에서 신뢰를 확보하고, 세계적 수준의 연구 인재를 끌어들이는 데 중요한 기반이 되어주었다. 단순한 자금 조달을 넘어, 미래 기술에 대한 철학과 방향성을 함께 제공하며, 후속 투자 유치에도 긍정적인 영향을 미쳤다. 이로 인해 애스펀은 단기적인 성과 압박에서 벗어나 비교적 자유롭게, 장기적이고 도전적인 과학적 연구에 전념할 안정적인 환경을 갖추게 되었다. 올트먼은 생명 연장과 질병 치료가 결합될 때 비로소 의미 있는 진보가 가능하다는 확신과 철학을 애스펀에 대한 실질적 지원을 통해 행동으로 보여준 셈이다.

한편 샘 올트먼의 또 다른 관심사는 유전자 치료 분야다. 그중에서도 미니서클Minicircle이라는 바이오 스타트업이 그의 레이더망에 걸렸다. 미니서클은 기존 유전자 치료 기술이 안고 있던 한계를 정면으로 겨냥한다. 전통적으로 유전자를 세포 안으로 전달하기 위해서는 바이러스 벡터를 사용하는데, 이는 마치 집 안에서 물건을 받으려고 낯선 사람에게 문을 열어주는 것과 같아, 때때로 원치 않는 면역 반응이나 부작용을 유발했다.

미니서클은 이러한 문제를 피하기 위해 작고 효율적인 원형 DNA 형태인 '미니서클 DNAMinicircle DNA'를 활용한다. 쉽게 말하면 이 방식은 택배를 받을 때 배달원이 집 안으로 들어오는 대신, 현관 앞 택배함에 물건을 두고 가는 방식에 가깝다. 이 덕분에 세포는 위험한 외부 물질로부터 스스로를 보호하면서도, 필요한 유전자를 정확히 받아들일 수 있다. 물론 이 기술은 단순한 아이디어 이상으로, 치료 유전자를 표적 세포에 정밀하게 전달하고, 일정 기간 안정적으로 발현시키는 고도의 기술력이 요구된다.

미니서클의 이러한 접근은 유전적 희귀 질환이나 기존 치료법이 없는 만성 질환 해결에 대한 새로운 가능성을 제시했다. 특히 초기 연구 단계에서 유전자 치료의 안정성과 효율성을 크게 개선할 수 있음을 입증했다. 샘 올트먼은 이 가능성을 조기에 인지하고 역시 초기부터 투자에 참여했으며, 건강 수명의 현실적 연장을 위한 핵심 기술로 미니서클을 높이 평가하고 있다. 그의 지원은 애스펀과 마찬가지로 미니서클이 보다 과감한 기술적 도전을 이어가는 데 실질적인 힘이 되어주고 있다.

결국 우리가 5장에서 살펴본 것은 샘 올트먼이 구상하는 인류의 미래 모습이다. AI와 자동화를 통해 신약 개발 과정을 혁신하여 질병 치료의 속도와 가능성을 극적으로 높이고, 노화 자체를 극복 가능한 대상으로 간주하여 생명 연장의 시대를 현실화하며, 그렇게 연장된 삶이 고통이 아닌 축복이 되도록 '아프지 않고 오래 사는 삶' 말이다. 즉 올트먼은 건강 수명의 질적 향상을 위한 근본적인 치료법 개발에 투자하고 있는 것이다.

이미 3장에서 살펴본 것처럼, 샘 올트먼이 친환경 에너지 분야에 적극적으로 투자하는 이유 역시 같은 맥락에서 이해할 수 있다. '아프지 않고 오래 사는 삶'을 실현하는 데 있어 병을 치료하는 것도 중요하지만, 더 근본적인 해결책은 애초에 병에 걸리지 않도록 만드는 것이기 때문이다. 인간이 병에 걸리는 원인은 유전적 요인이나 생활습관 등으로 매우 다양하지만, 그중 상당수가 기후 변화와 환경 요인에서 비롯된다는 점은 이미 수많은 연구를 통해 입증되고 있다.

미세먼지, 폭염, 대기오염, 식수 질 저하 등 지구 환경의 악화는 만성 질환의 유병률을 높이고, 특정 인구 집단에 대해 건강 불평등을 심화시킨다. 따라서 에너지 전환과 기후 위기 대응은 단순히 탄소중립을 위한 과제가 아니라, 인간의 건강 수명을 지키기 위한 근본적 예방 전략이기도 하다. 올트먼이 핵융합 에너지, 소형 모듈 원자로, 태양광 인프라 등 차세대 에너지 기술에 장기적 투자를 지속하는 것은, 미래 사회의 에너지 자립과 기후 안정이 곧 공중보건의 기반이 될 수 있다는 인식과 맞닿아 있다.

이러한 관점에서 보면 샘 올트먼이 추구하는 생명과학 기술과 에너지 기술은 결코 별개의 영역이 아니다. 그것은 건강한 삶을 가능하게 만드는 하나의 연결된 생태계이며, 그가 그리고 있는 새로운 인류의 청사진 속에서 유기적으로 맞물려 돌아가는 톱니바퀴다.

물론 이러한 첨단 치료법들이 기술적으로 구현된다 하더라도 그것이 곧 모든 사람에게 평등하게 적용된다는 보장은 없다. 고도의 생명공학 기술은 막대한 개발 비용과 복잡한 인프라를 요구하기에, 초기에는 극소수의 부유층에게만 혜택이 집중될 가능성도 배제할 수 없다. 실제로 많은 의료 혁신이 그러했듯, 치료법의 존재와 그에 대한 접근 권리는 전혀 다른 문제다.

또한 세포 교체나 유전자 조작처럼 전례 없는 치료 방식에 대해서는 장기적 안정성과 윤리적 측면의 철저한 검증이 필요하다. 이러한 기술이 현실화될 때, 누가, 언제, 어떻게 그 혜택에 접근할 수 있는가 하는 물음은 단순한 의료 문제가 아니라 인류의 윤리와 정의를 가르는 기준이 될 것이다.

샘 올트먼 역시 이러한 경계에 서 있다. 그는 기술의 잠재력을 누구보다 신뢰하지만, 동시에 기술이 소수만의 권력이나 혜택으로 전락하는 순간, 그 진보가 거꾸로 사회를 퇴보시킬 수 있다는 점도 분명히 인식하고 있다. 그래서 그는 기술 발전의 속도만큼이나 기술 분배 방식과 접근성을 함께 설계하려 한다.

올트먼의 투자 포트폴리오를 살펴보면 단순하고도 분명한 철학이 드러난다. 단기적 수익보다는 인류의 삶을 근본적으로 변화시킬 수 있는 과학기술에 자본을 투입하고, 그 기술이 더 많은 사람에게 닿을 길을 만드는 것이다. 애스펀이나 미니서클처럼 상업적 성공이 보장되지 않은 기업에 아무런 주저 없이 투자했던 것도 바로 이 철학에서 비롯된 결과다.

그는 스타트업을 기술 혁신의 도구일 뿐 아니라, 부의 흐름 자체를 새롭게 정의할 '민주화된 기술의 거점'으로 본다. 스타트업이야말로 실제로 가치를 창출한 이들에게 보상이 돌아가는 구조를 만들 수 있으며, 이를 통해 기술은 '사적 이익'이 아닌 '공공 자산'으로 전환된다.

우리가 앞서 4장에서 살펴본 월드코인도 이와 같은 맥락에서 이해할 수 있다. 앞에서 기본소득을 실현하기 위한 도구로서 월드코인을 조명했지만, 실질적으로 더욱 근본적이고 핵심적인 개념은 '디지털 시민권'에 있다. 모든 사람이 디지털 세계에서 하나의 존재로 인정받고 기술 인프라에 공평하게 접근할 수 있을 때 비로소 기술은 평등해진다. 디지털 시민권은 샘 올트먼이 말하는 공정한 진보를 가능하게 만드는 가장 근본적인 사회적 장치다.

결국 샘 올트먼이 그리고 있는 '신인류'란 단지 수명을 늘린 인간도, 병들지 않는 육체를 지닌 존재도 아니다. 올트먼은 더 오래 더 건강하게 사는 삶이 누구에게나 주어질 수 있어야 비로소 우리의 삶이 진보된 것이라 믿는다. 그리고 그 비전을 위해 기술과 자본, 제도와 윤리의 경계를 넘나들며 실험을 계속하고 있다.

완성된 미래는 아직 오지 않았다. 하지만 '모두에게 열린 기술의 시대'라는 이상은 분명 샘 올트먼이 그리는 신인류의 조건 가운데 하나다. 진화란 이전에 없던 새로운 생물학적 사건이 아니라, 기술을 누구나 누릴 수 있도록 만든 사회적 합의의 결과일지도 모른다.

Part 6

비전 그 이상의 비전

#에너지 #급진적 낙관주의
#장기주의 #생존주의 #실행과 반복

SAM ALTMAN, THE VISION 2030

Chapter 18

샘 올트먼의 미래 설계도

AI부터 생명공학까지

"저는 미래를 믿습니다.
좋은 투자자가 되려면 미래를 믿어야 합니다."

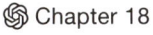

지금까지 우리는 샘 올트먼이라는 인물을 중심으로 펼쳐지는 거대한 기술 혁신의 흐름을 살펴보았다. 세상을 뒤흔든 챗GPT의 등장을 시작으로, 그 지능에 물리적인 몸을 부여해 현실 세계의 노동 형태까지 바꾸려는 휴머노이드 로봇 개발 경쟁(피규어 AI), AI 시대를 뒷받침할 막대한 컴퓨팅 자원을 확보하려는 인프라 구축(스타게이트 프로젝트), 그 에너지 기반을 재편하려는 핵융합 기술(헬리온), 변화된 사회 구조에 대응하기 위한 새로운 경제 시스템(기본소득, 월드코인, UBC),

그리고 인간의 삶 자체를 연장하고 재정의하려는 생명과학 스타트업(레트로 바이오사이언스, 포메이션 바이오) 등 겉보기에는 각기 다른 영역에서 벌어지는 개별적 시도처럼 느껴질 수 있지만, 이 퍼즐 조각들을 하나로 맞춰보면 하나의 사실이 드러난다. 바로 샘 올트먼이 단순한 기술 투자자가 아니라, 인류 문명의 다음 단계를 위한 시스템을 설계하고 있는 인물이라는 사실이다.

올트먼이 구상하는 시스템의 중심에는 단연 인공지능, 즉 오픈AI가 있다. AI는 인간의 지적 노동을 대체하거나 확장하고, 반복적인 업무를 자동화하며, 상상할 수 없을 만큼 빠른 속도로 새로운 지식과 가치를 만들어내는 '두뇌' 역할을 한다. 샘 올트먼은 AGI(범용 인공지능)가 인류가 직면한 주요 문제를 해결할 잠재력을 지니고 있다고 믿으며, 이를 가능한 한 신속하고 안전하게 실현하는 것을 자신의 핵심 과제로 삼고 있다.

올트먼이 구상하는 AI의 역할은 단지 디지털 세계에만 국한되지 않는다. 그의 비전 속에서 AI는 물리적인 '몸'을 갖고 현실 세계로 확장되어야 한다. 인간의 육체 노동을 대체하고 AI의 지능을 실제 공간에서 구현할 실행자로서의 로봇, 특히 휴머노이드 로봇의 역할이 여기에 있다. 올트먼이 한때 피규어 AI와 협력을 추진하고, 이후 오픈AI 내부에 로봇 전담 팀을 다시 구성한 배경에는 이러한 인식이 자리하고 있다. AI가 시스템의 '두뇌'라면, 로봇은 두뇌가 내린 명령을 수행하는 '손과 발'에 해당한다.

이처럼 지능과 육체가 결합된 시스템이 작동하려면 필연적으로 막대한 에너지가 필요하다. AI 모델의 크기가 커지고 로봇의 활동 범위가 넓어질수록 연산과 구동에 필요한 전력 소모는 기하급수적으로 늘어난다. 여기서 등장하는 것이 두 번째 핵심 축인 '에너지'다. 샘 올트먼은 AI의 혁신이 지속 가능하려면 먼저 에너지 문제가 근본적으로 해결되어야 한다고 본다. 그리고 현재의 에너지 기술이 이 요구를 충분히 따라가지 못하고 있다는 점에 강한 문제의식을 갖고 있다.

"1960년대에는 석유가 우리의 주요 에너지원이었고, 그 뒤를 석탄, 가스, 수력, 원자력 그리고 아주 낮은 비율의 재생 에너지가 이었습니다. 오늘날 그 순서는 여전히 석유, 석탄, 가스, 수력, 원자력이고, 극히 일부의 재생 에너지가 그 뒤를 잇습니다. 에너지를 생산하는 훨씬 더 나은 방법 대신, 우리는 사용량 감축에 대해 이야기합니다. 저는 절약을 전적으로 지지하지만, 여전히 거기에는 뭔가 패배주의적인 느낌이 있습니다. 지금쯤이면 우리가 막대한 양의 싸고 깨끗한 에너지를 생산해야 하지 않을까요?"

수십 년간 정체되어온 기존 에너지 시스템에 대한 날카로운 인식과, 단순한 절약만으로는 미래 수요를 감당할 수 없다는 판단이다. 샘 올트먼이 왜 기존 체계의 개선을 넘어 헬리온(핵융합), 오클로(소형 모듈 원자로), 엑소와트(태양광) 등 근본적인 에너지 기술 혁신에 막대한 자원을 투입하는지를 잘 보여주는 지점이라고 할 수 있다. 그는 AI와 로봇이라는 '엔진'을 지속 가능하게 작동시킬 '연료'가 인류 문명 전체의 진보를 위해 필수적이라는 점을 간파한 것이다.

이처럼 강력한 AI의 두뇌, 지치지 않는 로봇의 몸, 그리고 무한에 가까운 에너지가 결합한다면 인류는 전례 없는 고도의 생산성 시대에 진입할 수 있을 것이다. 그러나 올트먼은 여기서 또 다른 질문을 던진다. AI와 로봇이 생산의 대부분을 담당하게 될 때, 인간의 일자리는 어떻게 될 것인가? 그리고 이로 인해 창출된 부는 누구에게 돌아가는가? 이 문제에 대한 그의 해법은 '새로운 경제 시스템'이다.

기본소득과 월드코인은 기술로부터 생성된 부를 소수가 아닌 모든 이에게 분배하고, 변화된 사회에서 최소한의 경제적 안정성과 디지털 정체성을 보장하려는 시도다. 더 나아가 UBC는 AI라는 새로운 생산 수단에 대한 접근권 자체를 공유함으로써, 인간이 소비자가 아니라 여전히 생산 주체로 남을 수 있도록 설계된 구조다. 이는 기술이 만들어내는 부의 흐름을 공정하게 조정하고, 사회의 지속 가능성을 유지하기 위한 경제적 인프라 구축에 해당한다.

이러한 기술적, 경제적 기반 위에서 샘 올트먼이 궁극적으로 도달하고자 하는 목표는 '더 건강하고 오래 사는 삶'이다. AI가 신약 개발과 질병 진단 과정을 혁신하고, 이에 더해 에너지와 경제적 자율성이 뒷받침된다면, 인류는 생존을 위한 고된 노동에서 벗어나 건강과 삶의 질을 향상시킬 수 있다. 올트먼이 레트로 바이오사이언스나 포메이션 바이오 같은 기업에 투자하며 노화 연구와 세포 치료에 관심을 두는 것도, 기술의 최종 목적이 인간 존재 자체의 확장에 있다는 인식에서 비롯된다.

주목할 만한 점은 올트먼이 이 거대한 시스템을 결코 순차적으로 구축하지 않는다는 사실이다. AGI가 완성된 뒤 비로소 에너지 문제를 고민하고, 에너지 문제가 해결된 다음 다시 기본소득을 설계하는 접근법이라면, 그의 비전은 현실과 멀어질 수밖에 없었을 것이다.

그 대신 올트먼은 AI, 에너지, 경제 시스템, 생명공학 등 핵심 요소를 병렬적으로 두고 동시에 추진한다. AI는 이미 막대한 에너지를 요구하고 있으며, AI로 인해 촉발할 사회·경제적 변화 역시 지금 이 순간부터 대비해야 하기 때문이다. 또한 핵융합처럼 장기적인 기술은 상용화하기까지 오랜 시간이 필요한 만큼, 태양광(단기), 소형 모듈 원자로(중기), 핵융합(장기)으로 이어지는 다층적인 에너지 개발 전략을 병행하며 각 기술의 성숙도와 시급성에 맞춘 조율을 시도하고 있다.

그렇다면 샘 올트먼이 이토록 기술 발전의 속도에 집착하는 이유는 무엇일까? 챗GPT 개발의 핵심 인물로 꼽히는 일리야 수츠케버와 대립각을 세우면서까지 속도를 고집한 배경에는 단순한 성과 경쟁을 넘어선 무언가가 있다.

여기에는 실상 여러 현실적인 요인이 교차한다. 우선, AGI 개발 경쟁이 사실상 제로섬 게임으로 작동하고 있다는 점을 들 수 있다. AGI는 단순한 기술적 진보를 넘어, 경제적 패권, 군사적 우위, 정치적 영향력까지 좌우할 수 있는 새로운 형태의 전략적 자산으로 여겨진다. 세부적인 파급력에 대한 해석은 다를 수 있지만, AGI를 먼저 실현한

쪽이 세계 질서의 규칙을 새로 쓸 것이라는 가능성 자체에 대해선 이견이 거의 없다.

또 하나의 이유는 기술 발전 자체의 속성이다. AI는 스스로 학습하며 빠르게 진화하는 특성을 지닌다. 한 걸음 앞선 기술은 곧 다음 세대의 격차를 결정짓는다. 이때의 '한 세대'는 단순히 더 나은 성능을 의미하는 것이 아니라, 후발 주자가 따라잡기 어려울 만큼의 커다란 구조적 격차를 만들어낸다. 따라서 속도는 곧 기술 지배권의 핵심이며, 경쟁에서의 우위를 결정짓는 가장 중요한 요소라 할 수 있다.

최근 들어 AGI 실현 가능성이 점차 현실로 다가오면서, 이 경쟁은 더욱 치열해지고 있다. 이런 맥락에서 보면, 샘 올트먼이 스타게이트 프로젝트에 전력을 다하는 이유는 단순한 기술적 야심 때문만은 아니다. 오히려 그 자신이 '존재론적 레이스'에 참여하고 있다는 인식의 결과다. 이 경쟁에서 뒤처진다는 것은 단순한 사업 실패가 아니라 AI 시대에 존재 자체가 밀려남을 뜻한다는 위기의식과 맞닿아 있다. AGI를 선점하지 못할 경우, 오픈AI 자체의 존속도 위협받을 수 있다는 것이다.

마지막으로, 여기에는 그의 철학적 접근도 한몫하고 있다. 어떤 기술이 공상과학 속 이야기처럼 보이더라도 직접 실험해보지 않으면 진짜 잠재력을 알 수 없다는 신념이다. 기본소득 실험을 조기에 시작하고, 월드코인을 통해 글로벌 디지털 신원 및 분배 시스템을 실험하며, 나아가 UBC라는 더 근본적인 대안을 모색하는 것 역시 이와 같은 맥락에서 이해할 수 있다. 속도에 대한 그의 집착은 단지 경쟁이나 위기의식 때문이 아니라, 미래에 대한 불확실성을 스스로 검증하고 해석하려는 방식이기도 하다.

"점진적인 발전은 좋습니다. 발전은 누적되고, 결국 훌륭한 성과를 낼 수 있는 방법이기 때문입니다. 2005년부터 2010년까지 가장 큰 혁신이라 생각되는 아이폰은 적어도 어느 정도 누적된 점진적 발전을 통해 탄생했습니다. 그러나 동시에 몇 가지 중요한 불연속성이 있었습니다. 예를 들면 키보드 없이 실제 OS를 구동하는 휴대전화를 출시하고, 모든 사용자에게 데이터 요금제를 요구하는 등 말도 안 되는 일을 하겠다고 말하는 사람이 있었다는 이야기입니다."

이는 단순히 동시에 여러 분야에 관심을 두는 차원을 넘어선다. 샘 올트먼은 시스템 전체의 완성 시점을 앞당기고, 특정 기술의 지연이나 실패에 따른 리스크를 분산하기 위해 여러 핵심 요소를 병렬적으로 구축하는 전략을 택했다. 그는 미래를 예측하고 기다리는 것이 아니라, 미래가 스스로 도래할 수 있는 조건을 선제적으로 만들어가고 있는 것이다. 마치 우리가 도시를 건설할 때 도로, 전기, 수도, 건물을 동시에 설계하고 시공하듯, 그는 인류 문명의 다음 단계에 필요한 기술 인프라를 다층적이고 병렬적인 방식으로 구성하고 있다.

그렇다면 그는 어떻게 이처럼 복합적이고 거대한 설계를 동시에 시작할 수 있었을까? 샘 올트먼은 어떤 세계를 상상하며, 어떤 가치관에 근거해 이 모든 결정을 감행하고 있을까? 이제는 단지 기술을 넘어, 그가 가진 '믿음'과 '철학'에 대해 좀 더 자세히 들여다볼 차례다.

Chapter 19

샘 올트먼 철학의 이해

급진적 낙관주의와 생존주의

"저는 우리가 더 현명해지고 더 나은 결정을 내리는 데 AI가 도움을 줄 수 있기를 희망합니다."

샘 올트먼의 행보는 단순한 기술 사업가의 야심이나 시장 선점 전략만으로는 온전히 설명하기 어렵다. 그 이면에는 세상을 바라보고 미래를 만들어가는 그만의 독특한 믿음과 철학이 깊이 자리 잡고 있다. 그는 단순한 경영인을 넘어, 기술을 통해 인류 문명의 다음 장을 쓰고자 하는, 말 그대로 '철학하는 창업가'의 면모를 보여준다.

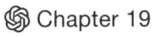

그를 지탱하는 철학적 기둥 중 가장 눈에 띄는 것은 바로 '급진적 낙관주의'다. 이는 단순히 미래를 긍정적으로 보는 태도를 넘어, 인류

가 직면한 가장 어렵고 복잡한 문제들(예컨대 지능의 한계, 에너지 고갈, 질병과 노화, 경제적 불평등)이 결국 기술의 진보를 통해 해결될 수 있다는 강력한 믿음에 가깝다. 올트먼은 AI가 초래할 실존적 위험이나 사회적 혼란 가능성을 인지하지 못하는 것이 아니다. 오히려 그러한 위험을 관리하고 통제하는 가장 좋은 방법 역시 기술을 회피하거나 규제하는 것이 아니라, 책임감 있는 자세로 기술을 더욱 발전시키는 것이라고 주장한다.

이러한 낙관주의는 필연적으로 '장기주의'와 연결된다. 샘 올트먼은 당장의 수익이나 단기적인 시장 반응보다는 인류 문명의 장기적인 궤적과 발전에 초점을 맞추고 있다. 그가 YC 대표 시절부터 수많은 스타트업들에 강조했던 것 중 하나가 바로 세상을 바꿀 '큰 문제'에 집중하라는 것이었다. 이는 분기별 실적이나 다음 투자 라운드에 연연하기보다, 수십 년 혹은 그 이상이 걸릴지라도 인류에게 근본적인 이익을 가져다줄 수 있는 목표를 설정하고 나아가야 한다는 그의 지론을 반영한다.

핵융합 에너지에 개인 자산의 상당 부분을 투자하거나, AGI 개발이라는 지난한 과제에 매달리는 모습은 올트먼이 시간을 바라보는 척도가 일반적인 기업 경영의 그것과는 확연히 다름을 시사한다. 그는 마치 문명의 연대기적 관점에서 현재의 기술적, 사회적 과제들을 바라보고, 미래 세대를 위한 기반을 닦는다는 사명감을 가지고 움직이는 것처럼 보인다.

그러나 흥미롭게도 이토록 미래에 대한 강한 낙관론을 펼치는 샘 올트먼의 이면에는, 동시에 극단적인 상황에 대비하는 '생존주의자'의 모습이 공존한다. 이는 언뜻 보면 모순적으로 느껴질 수 있다. 밝고 희망찬 인류 문명의 미래를 설계하는 사람이 무엇 때문에 동시에 사회 시스템 붕괴나 예기치 못한 재앙 같은 최악의 시나리오에 대비하는 걸까?

"저는 친구들이 술에 취하면
세상이 어떻게 끝날지 이야기하는 버릇이 있습니다.
종말에 대해 늘 많은 고민을 하고 있어요.
아, 참고로 저는 총, 금, 요오드화칼륨,
항생제, 배터리, 물, 이스라엘 방위군의 방독면을
상시 보관하고 있습니다."

이러한 대비는 단순한 공포심에서 비롯된 것이 아니다. 오히려 샘 올트먼은 미래를 낙관적으로 바라보기 위해서 미래를 위협할지 모를 모든 시나리오에 대한 실질적 대응 능력이 필요하다고 믿는다. 다시 말해, 낙관과 생존은 이분법이 아니라 '시스템을 설계하는 사고방식'의 양면인 셈이다. 이 낙관주의와 생존주의의 결합이, 그가 왜 특정 기술의 완성을 기다리지 않고 필요한 모든 요소를 동시에 병렬적으로 구축하려 하는지를 잘 설명해준다.

샘 올트먼의 낙관주의와 장기적 비전은 AGI, 무한 에너지, 질병 없는 삶 같은 원대한 목표가 결국에는 달성될 수 있으며, 지금 당장 그

길을 향해 나아가야 한다는 당위성을 부여한다. 하지만 동시에 그의 생존주의적 현실 인식은 예견된 여정이 결코 순탄하지 않을 것이며, 기술적 난관, 예측 불가능한 사회적 파장, 심지어 시스템 전체를 위협하는 '블랙 스완'과 같은 위험이 곳곳에 도사리고 있음을 끊임없이 상기시킨다.

만약 하나의 핵심 기술에 모든 것을 걸고 순차적으로 진행한다면, 그 기술 개발이 예상보다 늦어지거나 실패할 경우 전체 시스템이 붕괴할 위험이 너무 크다. 그의 생존 본능은 이러한 단일 실패 지점Single Point of Failure을 극도로 경계하게 만든다. 따라서 목표 달성 확률을 극대화하고 예기치 못한 실패에 대비하기 위해, 마치 리스크를 분산하는 포트폴리오를 구성하듯, 필요한 모든 기술과 시스템(AI, 로봇, 에너지, 경제 구조, 생명공학)을 동시에 개발하고, 각 영역 내에서도 다층적인 해법(단기, 중기, 장기 에너지원)을 병행하는 전략을 필연적으로 선택하게 되는 것이다.

다시 말해 그의 '급진적 낙관주의'가 시스템의 최종 목적지와 규모를 결정한다면, 그의 '생존주의'는 목적지에 도달하기 위한 경로를 설계하는 방식, 즉 병렬적이고 다층적인 시스템 구축 방법론을 강제한다고 볼 수 있다. 이 2가지 특성이 서로 보완하며 작동하기에, 올트먼은 거대한 비전을 제시하면서도 동시에 그것을 현실화하기 위한 구체적이고 다각적인 실행 계획을 함께 추진할 수 있는 것이다.

이러한 독특한 접근 방식은 올트먼이 단순히 미래를 꿈꾸는 몽상가가 아니라 꿈을 현실로 만들기 위해 가장 확률 높은 길을 모색하는 치밀한 전략가임을 보여준다. 그리고 이러한 전략적 사고는 그가 실리콘밸리에서 깊이 체득하고 신봉하게 된 또 다른 핵심 가치, 즉 '실행과 반복' 그리고 '실험과 실패를 통한 학습'과 결합되어 더욱 강력한 현실 구현 동력으로 작용한다. 그의 원대한 비전과 다층적 접근법이 단지 탁상공론에 머무르지 않고 실제적인 진전을 만들어낼 수 있는 것은 바로 이 실용적인 방법론 덕분이다.

'실행과 반복'은 완벽한 계획이나 최종적인 정답을 기다리기보다, 일단 빠르게 시작하고, 최소한의 기능으로 핵심 가설을 검증할 수 있는 제품이나 서비스를 만들어 시장과 현실 속에서 직접 부딪혀보는 것을 의미한다. 샘 올트먼은 아이디어를 머릿속에만 담아두거나 장황한 이론적 논쟁에 시간을 허비하는 대신, 그것을 구체적인 형태로 구현하여 실제 데이터를 얻는 과정을 중시한다. 이는 그가 YC를 이끌면서 수천 개의 스타트업들에 끊임없이 강조했던 바이기도 하다.

"아이디어 자체는 중요하지 않습니다.
중요한 것은 실행입니다."

실리콘밸리의 이 격언은 그의 행동 철학을 관통한다. 챗GPT가 완벽하지 않았음에도 불구하고 빠르게 대중에게 선보여 피드백을 받고 개선해나간 방식, 또는 월드코인의 기술적이거나 윤리적인 논란에도 불구하고 실제 현장에서 오브를 배포하며 데이터를 축적하는 방식은 모두 이러한 '실행 우선주의'를 반영한다. 올트먼은 거대한 목표를 향해 나아가되, 그 과정은 작은 단위의 실행과 반복적인 개선을 통해 점진적으로 이루어져야 한다고 믿는 듯하다.

이 과정에서 필연적으로 동반되는 것이 바로 '실험과 실패를 통한 학습'이다. 병렬적으로 다양한 시도를 한다는 것은, 그중 상당수가 예상대로 작동하지 않거나 아예 실패할 가능성을 내포한다는 의미이기도 하다. 샘 올트먼과 그가 속한 실리콘밸리 문화는 이러한 실패를 단순히 부정적인 결과로 치부하는 것이 아니라, 무엇이 효과가 있고 무엇이 그렇지 않은지에 대한 귀중한 데이터를 얻는 학습 과정으로 재정의한다. 중요한 것은 실패 자체가 아니라 실패로부터 얼마나 빨리 배우고 다음 시도에 그 교훈을 반영하느냐는 것이다.

예를 들어 오픈AI가 초기에 야심 차게 시작했던 로봇 연구 프로젝트를 일시적으로 중단했던 결정은, 당시의 접근 방식이 AGI 개발이라는 핵심 목표 달성에 효율적이지 않다는 '실패' 혹은 '한계'를 인정한 결과였다. 하지만 이 결정은 로봇 분야를 완전히 포기한 것이 아니라, 더 나은 접근 방식과 시기를 모색하기 위한 전략적 후퇴이자 학습의 과정이었다. 이후 AI 기술이 더욱 성숙하자 로봇 전담팀을 다시 구성한 것은 실패로부터 얻은 교훈을 바탕으로 재도전하는 '반복'의 사례다.

또한 그가 개인적으로 투자한 수많은 스타트업 가운데 성공하는 기업보다 실패하는 기업이 훨씬 많다는 현실은, 그에게 실패가 혁신을 위한 일종의 '탐색 비용'이자 당연한 과정임을 시사한다. 그는 실패 가능성을 감수하지 않고서는 진정한 돌파구를 찾을 수 없으며, 오히려 실패를 통해 얻은 깊은 이해가 다음 성공의 밑거름이 된다는 것을 경험적으로 알고 있을 가능성이 높다.

결국 샘 올트먼의 거대한 비전은 그의 급진적 낙관주의와 장기적인 안목에서 출발하지만, 그것이 현실 세계에서 구체적인 힘을 발휘하고 앞으로 나아갈 수 있는 것은 이처럼 빠른 실행, 끊임없는 반복, 그리고 실패를 자양분 삼아 배우는 실용적인 태도 덕분이다. 이상과 현실, 장기적 목표와 단기적 실행, 대담한 비전과 유연한 적응 사이에서 균형을 잡는 능력이야말로 그가 복잡하고 불확실한 미래 기술 영역에서 길을 잃지 않고 전진하는 비결일 것이다. 여기에 더해 이러한 혁신을 뒷받침하는 막대한 자원 조달과 활용에 대한 독특한 관점 역시 그의 철학을 이해하는 데 중요한 단서를 제공한다.

Chapter 20

기술 혁신의 빛과 그림자

유토피아인가, 디스토피아인가

"미래가 어떻게 될지 비판적으로 생각해보는 것은 가치 있는 일이라고 생각합니다."

샘 올트먼이 제시하는 미래 청사진은 분명 인상적이다. AI가 지적 노동을 해방하고, 로봇이 고된 육체 노동을 대신하며, 무한한 청정 에너지가 풍요를 뒷받침하고, 새로운 경제 시스템이 부를 공정하게 분배하며, 궁극적으로는 인류가 질병과 노화의 한계를 뛰어넘어 더 길고 창조적인 삶을 살아간다는 비전을 보라. 그의 낙관주의와 장기적 사고, 그리고 이를 현실로 만들어내기 위한 치밀한 시스템 설계와 과감한 실행력은 우리에게 기술이 가져올 밝은 미래에 대한 기대를 품

게 한다.

하지만 이처럼 매혹적인 비전에도 불구하고 그 이면에는 우리가 반드시 짚고 넘어가야 할 현실적인 문제와 위험이 존재한다. 샘 올트먼의 시스템이 계획대로 작동한다 해도, 혹은 이 과정에서 예상치 못한 방향으로 전개될 경우, 그 결과가 모두에게 바람직할 것이라 단정할 수는 없다. 그의 비전이 실제 사회에 적용되는 과정에서 우리는 몇 가지 본질적인 질문과 딜레마에 직면하게 될 것이다.

가장 먼저 제기되는 우려는 권력 집중과 거버넌스의 문제다. 아이러니하게도 소수 기업의 기술 독점을 견제하기 위해 비영리 형태로 출발했던 오픈AI는 이제 스스로 AGI 개발 경쟁의 최전선에서 가장 강력한 영향력을 행사하는 조직이 되었다. 샘 올트먼이 주도하는 스타게이트 프로젝트는 전례 없는 규모의 컴퓨팅 자원을 사실상 하나의 기업이 독점하게 될 가능성을 내포하고 있으며, 이는 기술 접근성과 개발 방향에 대한 결정권이 소수에게 집중될 수 있다는 점에서 자못 우려를 낳는다.

그가 도입한 하이브리드 조직 구조나 수익 제한 모델은 이러한 우려를 불식하기 위한 장치였지만, 최근 영리 활동 강화 움직임과 비영리 이사회 약화 가능성은 과연 '인류 전체의 이익'을 위한다는 원래의 취지가 굳건히 지속될 수 있느냐는 의문을 제기한다. 2023년 말 벌어진 올트먼의 해임 및 복귀 사태는 AGI 개발의 속도와 안전성, 그리고 조직 운영의 투명성을 둘러싼 내부 갈등이 얼마나 첨예한지를 보여주는 상징적인 사건이었다.

특히 이 막강한 기술과 자원의 사용을 누가 어떤 방식으로 감독하고 통제할 것인지에 대한 질문과 관련해서는 여전히 해답을 찾지 못한 상태다. 현재의 거버넌스 구조가 인류 전체에 영향을 미칠 기술을 충분히 책임 있게 다룰 수 있을지는 아직 확실치 않다는 의미이다.

"AI가 초지능을 갖게 될 경우, 인간의 선호에 맞게 이를 제어하는 것이 불가능하다는 전망이 있습니다. 저도 그 가능성을 인정합니다. 이러한 가능성을 인정하는 것이 중요한 이유는, 그래야만 잠재적 위험에 대응하기 위해 충분한 노력을 기울일 수 있기 때문입니다. 흥미로운 점은 이러한 잠재적 위협을 해결하기 위한 방법 역시 새로운 기술 발전에서 찾을 수 있다는 것입니다. 우리가 직면한 도전은 크지만, 기술의 진보가 그 해결책 또한 제공할 수 있을 것입니다."

두 번째로 제기되는 우려는 기술 발전의 혜택이 불균형하게 분배될 가능성이다. 샘 올트먼은 기본소득, 월드코인, UBC와 같은 시스템을 통해 기술이 만들어낼 풍요를 모두에게 나누려는 노력을 하고 있다. 그러나 이러한 시도는 본래 의도와 달리 기존의 불평등을 심화하거나 새로운 형태의 격차를 낳을 수 있다는 지적에서 자유롭지 않다.

예를 들어 월드코인은 생체 정보 제공을 전제로 한 암호화폐 지급 방식과 프라이버시 침해 우려, 그리고 암호화폐의 가치 변동성과 낮은 실사용 가능성 등으로 오히려 경제적으로 취약한 계층에 더 큰 불확실성을 안길 수 있다는 비판이 제기된다.

또한 AI 활용 능력이 미래의 핵심 경쟁력이 될 시대에, UBC를 통해 컴퓨팅 자원에 대한 접근권이 주어진다 하더라도, 개개인의 디지털 리터러시 수준이나 실질적 활용 능력의 격차는 여전히 큰 장벽이 될 수 있다. 결국 기술이 가져올 '풍요'가 모든 인류에게 공평하게 돌아갈 것인지, 혹은 또 다른 형태의 승자독식 구조를 강화하며 사회적 양극화를 더욱 심화할 것인지는 불확실하다.

세 번째로 지적되는 문제는 샘 올트먼이 추구하는 AGI나 생명 연장 기술과 같은 혁신이 지닌 예측 불가능한 파급 효과다. 인간의 지능을 넘어서는 AGI가 등장했을 때, 그것이 인류의 통제 범위 안에서 우리가 의도한 방식대로만 작동할 것이라 확신하기는 어렵다.

특히 AI 정렬 문제, 즉 인공지능의 목표와 행동이 인간의 가치와 의도를 일관되게 따르도록 만드는 기술적 과제는 아직 해결되지 못한 핵심 난제로 남아 있다. 이 문제가 해결되지 않는 한, 우리가 의도하지 않은 결과나 악의적 활용에 따른 심각한 위험이 일어날 가능성은 언제든지 존재한다.

생명 연장 기술 역시 마찬가지다. 노화 극복과 수명 연장은 개인에게는 긍정적 변화일 수 있으나, 사회 전체적으로는 인구 구조의 급격한 변화, 한정된 자원 경쟁 심화, 세대 간 갈등 격화, 의료 및 연금 시스템의 부담 증가 등 복합적인 사회적 충격을 유발할 수 있다. 더 나아가 삶과 죽음에 대한 기존의 가치 체계에도 근본적인 혼란을 불러

올지 모른다.

샘 올트먼이 강조하는 '실행과 반복' 방식은 기술 개발 속도를 높이는 데 효과적일 수 있지만, 사회 전반에 걸쳐 중대한 영향을 미칠 수 있는 영역에서까지 동일한 접근법이 타당한지는 신중하게 검토할 필요가 있다. 빠른 속도로 달리는 기차는 그만큼 큰 위험을 감수해야 하며, 한번 잘못된 방향으로 들어서면 되돌리기 어렵기 때문이다.

마지막으로, 샘 올트먼의 비전 전반에 깔린 '기술 만능주의Techno-solutionism'적 관점에 대한 비판도 존재한다. 그는 인류가 직면한 거의 모든 문제를 기술적 혁신을 통해 해결할 수 있다고 믿는 듯 보이지만, 과연 인간 사회의 모든 문제가 기술로만 해결될 수 있는 성질의 것일까? 빈곤, 불평등, 사회적 갈등, 환경 파괴와 같은 복잡한 문제는 정치, 경제, 문화, 윤리 등 다양한 요소가 서로 첨예하게 얽혀 있으며, 기술은 이를 해결하기 위한 하나의 수단에 불과하다.

물론 기술이 강력한 도구가 될 수 있음은 분명하지만, 때로는 문제의 근본 원인을 가리거나 새로운 문제를 만들어낼 가능성도 있다. 특히 효율성과 생산성, 수명 연장과 같이 계량 가능한 목표에 집중하다 보면 정의, 공정성, 공동체, 인간 존엄성, 삶의 의미와 같은, 측정하기 어렵지만 인간에게 필수적인 가치들이 소외될 수 있다는 점도 우려된다. 기술에 대한 지나친 기대는 우리가 사회 구성원으로서 감당해야 할 책임과 역할을 기술에 전가하는 결과로 이어질 수 있다.

결국 샘 올트먼이 제시하는 미래는 밝은 가능성과 동시에 어두운 그림자를 안고 있는 양날의 검과 같다. 그의 비전이 가진 혁신성과 잠재력을 인정하되, 그 과정에서 발생할지 모르는 권력 집중, 불평등 확대, 예측 불가능한 위험, 그리고 기술 만능주의의 함정에 대해 우리는 끊임없이 질문하고 비판적으로 성찰해야 한다.

샘 올트먼이 그려놓은 미래의 청사진은 정교하고 야심 차다. 그 밑그림만으로도 우리는 새로운 시대에 대한 기대와 상상을 품게 된다. 완성된다면 분명 인상적인 그림이 될 것이다. 하지만 뛰어난 밑그림만으로는 진정한 대작이 될 수 없다. 결국 중요한 것은 채색이다. 세심하고 균형 잡힌 채색 과정이 있어야 비로소 가치를 인정받을 수 있다.

문제는 올트먼의 그림이 너무 거대하고 복잡하다는 데 있다. 채색 과정에서 단 하나의 실수, 이를테면 통제가 어려운 AGI의 등장이나 불평등을 심화하는 경제 시스템, 생태계의 돌이킬 수 없는 훼손 같은 일이 벌어진다면 그림 전체가 무너질 수 있다. 또한 인간의 존엄이나 사회적 신뢰처럼 반드시 담겨야 할 요소가 빠질 경우, 이 계획은 오히려 해가 될지도 모른다.

이러한 우려는 샘 올트먼이 구상하는 미래가 매력적인 동시에 얼마나 어려운 도전인지를 잘 보여준다. 이상과 현실 사이의 긴장 속에서 우리는 어떤 방향을 선택해야 할까? 이 질문은 더 이상 샘 올트먼 개인만의 문제가 아니다. 기술과 함께 살아가는 우리 모두가 함께 답해야 할 과제다.

Chapter 21

던져진 샘 올트먼의 프롬프트

중요해진 우리의 응답

"우리 모두의 미래를 위해 제가 할 수 있는 최선을 다해야 한다는 책임감을 느낍니다."

우리는 샘 올트먼이라는 인물을 통해 기술이 인류 문명의 경로를 얼마나 급격하고 근본적으로 바꿀 수 있는지를 직접 목격하고 있다. 그는 AI, 로봇, 에너지, 경제 시스템, 생명공학에 이르기까지 전례 없는 범위의 미래를 설계하고 있으며, 이를 현실화하기 위해 빠른 속도와 강한 추진력으로 움직이고 있다.

그렇다면 우리는 이 '샘 올트먼 현상'을 어떻게 해석해야 할까?

올트먼은 인류를 더 나은 미래로 이끌 선구자인가, 아니면 불확실

한 위험을 감수하며 질주하는 도박사에 가까운가. 그의 행보에는 세상을 바꾸려는 진지한 의도와 함께, 때때로 오만에 가까운 확신이 교차한다.

샘 올트먼이 던진 질문에 대한 답은 아직 단정하기 어렵다. 어쩌면 그는 상반되는 2가지 모습이 공존하는, 아니 그 이상의 복합적인 모습을 지닌, 우리 시대가 만들어낸 특별한 인물일지도 모른다. 그의 비전은 분명히 많은 이들에게 희망과 영감을 주고 있다. 동시에 그가 추진하는 기술의 파괴적 잠재력, 그리고 그 과정에서 드러나는 권력 집중, 예측하기 어려운 부작용, 윤리적 쟁점은 결코 가볍게 넘길 수 없는 요소이다.

역사는 위대한 혁신이 때로는 큰 대가를 치르며 이루어졌다는 사실을 말해주지만, AGI나 생명 연장처럼 인류의 존재 자체에 영향을 줄 수 있는 전례 없는 기술 앞에서 오래된 교훈이 그대로 적용될지는 미지수다. 지금 우리가 마주한 변화의 속도와 규모는 과거와는 본질적으로 다르기 때문이다.

오늘날 샘 올트먼이 보여주는 추진력과 기술 낙관주의는 20세기 초 헨리 포드Henry Ford나 토머스 에디슨Thomas Edison과 같은 역사적 혁신가들을 떠올리게 한다. 그들의 발명과 시스템이 오늘날 산업 문명의 기초를 놓았듯, 올트먼이 주도하는 기술 혁신 역시 미래 세대의 삶에 깊은 영향을 미칠 가능성이 크다. 하지만 동시에 결정적 차이도 존재한다. 과거의 기술 변화는 대체로 점진적이었고, 사회가 그에 적응할 수 있는 시간적 여유가 있었다. 반면 오늘날의 AI 혁명은 속도와 영향력 면에서 전례가 없다. 이 때문에 샘 올트먼과 같은 기술 선도자에게 요구되는 책임의 무게는 과거와 비교해 차원이 다르다.

샘 올트먼이 품은 비전의 성공 여부에 상관없이, 그가 우리 사회에 던진 질문의 무게와 파급력은 충분히 무겁고 강력하다. 그는 마치 거대한 종을 울리듯, 우리에게 근본적인 물음을 던졌다. 인공지능의 미래는 어떠해야 하는지, 지속 가능한 문명을 위해 에너지는 어떻게 전환되어야 하는지, 기술 발전으로 창출된 부는 어떻게 분배해야 하는지, 노동의 의미는 어떻게 변화할 것인지, 그리고 궁극적으로 인간의 삶과 죽음, 건강의 의미는 무엇인지와 같은, 인류 문명의 향방을 결정할 근본적인 질문들을 더 이상 외면할 수 없게 만들었다.

이러한 질문들은 더 이상 일부 전문가나 연구자들만의 담론이 아니다. 샘 올트먼의 등장은 이 논의들을 학계나 실험실의 경계를 넘어 사회 전체의 공공장으로 끌어올렸다. 그가 이끄는 구체적인 프로젝트(오픈AI, 월드코인, 핵융합 투자 등)는 이러한 질문에 대한 하나의 가능성을 실험하며, 실제 치열한 논쟁의 장을 열고 있다. 그의 비전과 실행이 단순한 기술적 시도가 아니라 우리 시대가 직면한 핵심 의제를 구성하고 있다는 의미다.

이제 공은 우리에게 넘어왔다. 샘 올트먼과 같은 소수의 기술 선도자들이 제시하는 미래의 방향을 그대로 따를 것인가, 아니면 우리 모두 변화의 능동적 주체가 되어 기술의 방향과 속도, 그리고 그 결과의 분배 방식에 적극적으로 참여할 것인가. 역사가 보여주듯 기술은 결코 가치 중립적이지 않다. 어떤 기술을 개발하고, 어떻게 활용하며, 어떤 규범과 제도를 적용할지는 결국 우리가 어떤 사회를 지향하고, 인간의 삶을 어떻게 이해하느냐는 선택의 문제다.

따라서 지금 우리에게 필요한 것은 기술을 지나치게 신봉하거나 막연히 두려워하는 양극단의 태도를 넘어서, 기술이 인류 전체에 이익이 되는 방향으로 나아가도록 사회적 역량과 집단적 지혜를 키우는 일이다. 이를 위해서는 기술의 윤리적·사회적 의미에 대한 폭넓은 논의와 공감대를 형성하는 숙의 민주주의가 필요하며, 기술을 투명하게 관리하고 인류 보편의 가치와 조화를 이루게 할 글로벌 거버넌스 체계도 구축해야 한다. 이와 동시에 기술의 혜택이 특정 집단에게만 집중되지 않도록 공정한 분배 시스템과 촘촘한 사회 안전망을 마련하는 일도 시급하다. 변화에 적응하고 새로운 기회를 포착할 수 있도록 돕는 교육 시스템의 혁신 또한 빼놓을 수 없는 과제다.

샘 올트먼이 설계하는 미래는 하나의 가능성이지, 이미 결정된 경로도, 유일한 정답도 아니다. 분명한 것은 그가 지금의 기술 문명 앞에 가장 먼저, 그리고 가장 강력한 프롬프트Prompt를 입력했다는 사실이다. 이제 응답Response은 우리 모두의 몫이다. 우리는 어떤 가치와 어떤 지혜를 담아 이 질문에 응답할 것인가. 샘 올트먼이 제시한 미래를 무비판적으로 수용할 것인가, 아니면 그 너머를 상상하고 우리의 기준으로 새로운 방향을 만들어갈 것인가.

프롬프트는 이미 던져졌다. 이제 미래는 우리의 응답을 기다리고 있다.

참고문헌

단행본

- 데니스 뇌르마르크·아네르스 포그 옌센, 이수영 옮김, 《가짜 노동》, 자음과모음, 2022.
- 월터 아이작슨, 안진환 옮김, 《일론 머스크》, 21세기북스, 2023.

논문/보고서

- 강남훈, "해외 기본소득 실험의 의의와 한계", 국제사회보장리뷰 2018년 봄호, 통권 4호, pp.62~70
- 이정은, "글로벌 은행 산업의 AI 도입 및 시사점", 자본시장포커스 2025-11호, 2025. 5. 26.
- 한요셉, "인공지능으로 인한 노동시장의 변화와 정책방향", KDI 연구보고서, 2023. 3.
- Aidan Toner-Rodgers, "Artificial Intelligence, Scientific Discovery, and Product Innovation", arXiv.2412.17866, 2024. 12. 25.
- Alysa Taylor, "IDC' 2024 AI opportunity study: Top five AI trends to watch", IDC InfoBrief, 2024. 11. 12.
- Evan Bailyn, "Top Generative AI Chatbots by Market Share", FirstPageSage, SEO Blog, 2025. 6. 5.
- Investor Presentation, Oklo with AltC Acquisition Corp., 2023. 7.
- Kathryn E. W. Himmelstein, et al., "Wealth Redistribution to Extend Longevity in the US", JAMA Intern Med., 2024. 1. 29.

- Konstantin Pilz, et al., “Trend in AI Supercomputers”, Epoch AI
- Victor Avelar, et al., “The AI Disruption: Challenges and Guidance for Data Center Design”, Schneider Electric, White Paper, 2023. 12. 6.

기사

- “Huge randomized trial of AI boosts discovery – at least for good scientists”, Nature, 2024. 12. 3.
- “OpenAI Scale Ranks Progress Toward ‘Human-Level’ Problem Solving”, Bloomberg, 2024. 7. 11.
- “OpenAI CEO Sam Altman's daily routine: 15-hour fasts and low-dose sleeping pills”, Business Insider, 2024. 9. 6.
- “Stargate artificial intelligence project to exclusively serve OpenAI”, Financial Times, 2025. 1. 23.
- “Y Combinator's Sam Altman wishes San Francisco was more open-minded, like china”, Mashable, 2017. 12. 14.
- Elad Gil, “An interview with Sam Altman”, Elad Blog
- Tad Friend, “Sam Altman's Manifest Destiny”, The New Yorker, 2016. 10. 3.

Youtube / SNS

- “In conversation with Sam Altman”, All-In Podcast
- “President Trump announces formation of Stargate project”, Fox Business Youtube
- “Sam Altman on the future of AI and humanity”, TED podcast
- “Sam Altman: OpenAI CEO on GPT-4, ChatGPT, and the Future of AI”, Lex Fridman Youtube
- “Sam Altman: OpenAI, GPT-5, Sora, Board Saga, Elon Musk, Ilya, Power & AGI”, Lex Fridman Youtube
- “The Possibilities of AI”, Stanford eCorner

- Aravind Srinivas X
- Brett Adcock X
- Sam Altman X
- Sam Altman Blog

기업 홈페이지

- 1910 genetics
- Aspen Neuroscience
- Exowatt
- Figure AI
- Formation Bio
- Helion
- Oklo
- OpenAI
- Openresearchlab
- Retro Bioscience
- Worldcoin

기타

- "기본소득의 역사", 기본소득한국네트워크
- Sam Altman, "Moore's Law for Everything", 2021. 3. 16.